耘思——教育随笔

周正祥　著

延吉·延边大学出版社

图书在版编目（CIP）数据

耘思：教育随笔 / 周正祥著. -- 延吉 : 延边大学
出版社, 2023.8
　　ISBN 978-7-230-05311-2

　　Ⅰ．①耘… Ⅱ．①周… Ⅲ．①教育－随笔－中国－文
集 Ⅳ．①G52-53

中国国家版本馆CIP数据核字(2023)第156491号

耘思——教育随笔

著　　者：周正祥
责任编辑：徐　艳
封面设计：延大兴业
出版发行：延边大学出版社
社　　址：吉林省延吉市公园路977号　　　邮　　编：133002
网　　址：http://www.ydcbs.com　　　　E-mail：ydcbs@ydcbs.com
电　　话：0433-2732435　　　　　　　传　　真：0433-2732434
制　　作：山东延大兴业文化传媒有限责任公司
印　　刷：三河市天润建兴印务有限公司
开　　本：787×1092　1/16
印　　张：13.5
字　　数：200 千字
版　　次：2023 年 8 月 第 1 版
印　　次：2023 年 8 月 第 1 次印刷
书　　号：ISBN 978-7-230-05311-2

定价：68.00元

教育人生，奋斗人生

起初，我与周正祥校长并不相识。有缘结识是在两年前，省教育厅组织的"苏教名家"培养工程上，他是二期中学管理组培养对象，那时我是他的导师。

在逐步了解正祥校长后，我总能或多或少地在他身上找到自己的影子。第一，我们都出生在农村，少时，父母都以种田养家糊口，生活极度困难，但我们都有过快乐的少年时光，都曾是积极向上、富有朝气的少年人。第二，我们都有过考小中专的经历，都想通过考上小中专成为吃公家饭的人（那个时代小中专先于高中录取），但都名落孙山，并在乡下中学完成高中学业。第三，我们都选择了化学作为自己的专业，虽然毕业后我们的工作地点不同，但都是在一节节课、一篇篇文章、一份份教案、一次次学生谈话中，在众多名师大家的帮助下，在无数学生的期待中成长起来的。

接受写卷首语这个委托后，我抽空翻阅了正祥校长提供的书稿。正是这本样书，让我看到了一个正能量青年奋斗的足迹。整本书充满了"实干"的价值追求，从刚走上工作岗位的新手教师到成熟教师再到专家教师，正祥校长奋斗的历程、务实的工作作风，以及从单一化学教师到管理岗位"多面手"的锻炼经历给我留下了很深的印象。整本书充满了浓厚的教育情怀，正祥校长几乎研究了高中教育的方方面面，包括课程、课堂、教学管理、行政管理、校园文化、团队建设等，对每一部分都有自己的见地，并在自己同事的协助下，在学校得到了深入贯彻落实。在一个县城高中，能做到这一点实属不易。这说明他始终没有忘记教育人的初心——立德树人。整本书充满了浓浓的人文情怀，正祥校长在书中列举了很多他小时候的老师、工作时的同事、培养的学生，以及很久之前的事，现在说起来仍能给人带来就像昨天刚发生一样的感觉，亲切自然。

近两年，我数次与正祥校长接触，感觉书如其人，正如正祥校长书中所言："为人师者，任重道远，更需风雨兼程，我时刻牢记着自己立德树人的使命，重师德、练师能、铸师魂，厚德载物，砥砺前行，真正做教育路上锐意进取、不断实现自我超越的追梦人。"

孙夕礼

2023 年 4 月 28 日于南京

目　　录

第一辑　教育是一生追求的事业

坚守教育初心　践行育人使命

——教育家型教师周正祥专业发展过程史

周正祥，男，1971 年出生，中共党员，江苏省特级教师、正高级教师。江苏省"333 高层次人才培养工程"培养对象，江苏省首届领航名师项目组成员，盐城市"名校长培养工程"首批学员，江苏省化学奥林匹克竞赛高级教练员，中国化学会会员，中国人民政治协商会议射阳县第十一、十二、十三届委员。

年方少时初立志　几经磨砺振精神

一、书声萦耳性灵启

1971 年，我出生在射阳县通洋乡的一个普通农民家庭，离家不远处就是通洋小学。乡间的袅袅炊烟和校园里的琅琅书声陪伴了我的整个童年，年少懵懂的我还未踏入学堂，就已在萦耳书声中获得了最初的启蒙。

我的父母是地道的农民，一生都在土地上勤恳地耕耘，繁重的田间劳作让他们无暇照料我，幸而当时姐姐已经上学，我便随着她早早地走进了学校的大门。1977 年到 1982 年，我在通洋小学度过了宝贵的童年时光。正如许多乡间少年一样，我也是个淘气、顽皮的孩子，广阔的田野给予了我自由驰骋的天地，也启发了我的心智，孕育着我的心灵。

年少求学的日子是充满诗意的。我的第一位老师是一个从苏南来的女教师，一口吴侬软语，轻糯婉转，嘴角常带笑意，对我们总是极有耐心。她的循循善诱和恳切教导，既使我由衷地钦佩，又让我对教育事业心生向往。当时的我深切地感受到，做一位受人尊敬的教师是一件多么有意义的事情。

三年级时，我又遇到了周景花和王秀丽两位老师，她们同样宽厚而温和，满腹诗书赋予了她们知性的魅力，高尚的修养展现出她们美好的人格。在她们的谆谆教导下，我不仅得到了知识的熏陶，更在内心深处默默许下了一个美好的愿望——有一天，我也要成为像她们那样的教师。

1982 年，我升入通洋中学读初中，习惯了童年无拘无束生活的我，没能迅速正视初中学业的压力，仍旧像小学时一样优哉游哉。但现实很快向我狠狠地泼了一盆冷水，使我狼狈不堪。在初二的一次考试中，我的数学没有及格。当我惴惴不安地将成绩单拿给父亲时，他沉默了许久，我偷偷抬起头观察父亲的神情，长年累月的劳苦在他脸上留下的斑驳痕迹深深地刺痛了我的心。我不敢再去看他的眼睛，只在心里暗暗发誓，一定要努力学习，只有不断在学习上取得进步，才是对父亲最大的慰藉。

二、学海沉浮意志坚

对于当时的初中生来说，最好的出路不是读高中，而是在初中毕业时考上小中专，这样不仅可以进一步深造学业，还能在毕业后分配工作。对于我们这样的农家子弟来说，这无疑是最理想的选择。但初三时，我因为英语学科太过薄弱，并没有去参加考试，而是决定先着力提高英语成绩。当时教我的语文老师也很为我着急，特别允许我在语文早读的时间背诵英语。就这样，一年的时间在不知不觉中过去了。功夫不负有心人，当小中专考试的结果公布时，我成为通洋中学过线的两位同学之一。可惜的是，我的笔试成绩刚刚压线，面试又没有经验，升入小中专的梦想最终还是破灭了。

于是，我继续留在通洋中学读高中。可能是好了伤疤忘了疼，因为之前的小中专复习打下了良好的基础，我高中时的成绩在平行班中一直遥遥领先，这使我又对学习产生了懈怠心理，殊不知自己其实只是矮子中的高个。果不其然，

1989 年高考，我落榜了。这其实也是意料之中的事，那时像我们这样的农村中学生，很少有应届就考上大学的。暑假里，陈洋中学通知我参加高考复习（须高考成绩达到一定分数，我们学校共三人接到通知），于是我又开始了新一轮的高考备考。

当年高考前的预选考试最为难忘，关于高考"预选"，相信二十世纪八九十年代参加过高考的人都会记忆犹新。那个时代，参加高考的名额要从预选考试中确定。"预选"的残酷在于，许多原本可以进入大学的人，有可能因为发挥失常，而被挡在大学门外。预选考试在高考前一个月举行，全市统考，参加完预选考试，所有的高三学生就算高中毕业了。1990 年起实行师范类院校录取，预选成绩优异者可以直接被录取不用参加高考。

1990 年，我再次参加高考。可能是由于紧张，抑或是其他原因，考试的第一天夜里，我突然想起化学答题卡没有填涂，这致命的疏忽让我再一次落榜。连续的失败给了我巨大的打击，好在父母始终鼓励我不要放弃。我再次收拾起自己的行囊，来到了陈洋中学。对于农村的孩子来说，学习是唯一的出路，我深深地明白这个道理，因此始终没有放弃，一如既往地投身高考复习，我相信只要坚持，胜利之神是不会抛弃我的。

但是，命运接下来给我的，却是一个更大、更无情的打击。1990 年 11 月，家中的一位叔叔跑来学校找我，告诉我父亲生病了，让我立刻回家。到家后，我才得知父亲在外打工时发生意外，溺水而亡，找了好几天才发现尸体。因为事故纠纷问题，父亲的遗体在殡仪馆停放了十多天才得以下葬。直至今日，想到当时的情景仍让我痛不欲生。父亲的不幸离世，加之长时间的疲劳学习，让我精神昏沉。于是，我在家帮衬母亲做了两个月的农活，但每每想到自己这般消沉，如何对得起逝去的父亲，便又强打精神回到了学校。这样的精神状态显然是不能应对高考的重压的，1991 年高考，我第三次落榜。

生活的不幸与学业的艰难一同席卷而来，我的人生到了最困难、最无助、最黑暗的时候。就在我即将向不幸的命运认输的时候，又一位老师来到我的身边，为我指明方向，引导我走出困境。1991 年秋学期，通洋中学的孙校长专程找到我，鼓励我继续学习，不要放弃。考虑到我的家境，他建议我就近入学，于是我辗转到通洋中学继续复习。可是，秋学期快结束时传来消息，所有学校均不允许开设复习班。

当时的我陷入了迷惘，不知自己该何去何从。幸运的是，1992 年年初，学校通知复习生可以到当时的"二炮军营"集中复习，但所有老师只有在晚上才能抽出时间来上课。偌大的营房里，一个班级容纳了一百多个同学，老师倾心教授的时间十分有限，复习基本靠自学。

幸运的是我一直努力，没有放弃。最终，在预选考试中，我以全县第 7 名的成绩被盐城师范专科学校录取。这是几年来家里最大的一个好消息，我带着这份喜悦马不停蹄地赶回了家。到家时，母亲正在晒麦子，一看到我，便焦急地询问："大祥，考上没？"看着母亲期待的眼神，我轻声地回答："考上了，是盐城师范专科学校。"母亲的眼角溢出了晶莹的泪珠，连声说："好！好！做教师挺好！这是你从小的梦想，你也可以做像你老师那样的人了。"我郑重地点点头，微笑地看着母亲放下手中的农活，快活地将这份喜悦传递给四邻、亲友……

三、潜心修业愿终偿

1992 年秋天，我来到了盐城师范专科学校。在这里，我度过了愉快而又充实的大学生活。我的班主任是位女老师，叫仇立干，人如其名，她对我们要求极为严格，不论是专业学习还是文体活动，都是立行立干、力求最好，在她的严格督促下，我得到了迅速而全面的发展与成长。

系主任袁蔚森老师是一位头发花白的长者，我们入学后不久，他就外出进修了。这在当时对于我来说，是一个奇闻，我很好奇，一个经验丰富的大学老师还有什么是要学习的？但这不是特例，大三时，仇立干老师也出去学习了。目睹两位学识渊博、业务精通的老师仍旧需要潜心学习、静心修业，我深受触动，幡然醒悟：学习是永无止境的，不论什么时候都不能沾沾自喜、自我满足。

我们在一生中会遇到很多人，有些人会在时间的长河里被渐渐遗忘，有些人却会被我们铭记一生，特别是那些曾默默给予我们帮助的人。转眼间，我毕业了，凭借大学期间优异的学习成绩，我本可以分配到综合实力较强的陈洋中学。但由于当时我的老校长还在通洋中学，他在我人生最昏暗的时期像一束光照亮了我，也温暖了我，心怀感恩的我一直都想找机会报答他对我无私的关怀。于是，我义无反顾地选择到通洋中学工作。通洋中学成了我教师生涯的第一站，我人生的第一份正式回报在这里，我的第一届学生在这里，我的第一次收获也在这里。

风催桃李润桑梓　雨泽心田育栋梁

一、杏坛初登当勤勉

1995 年秋学期，我带着对教师职业的热爱和刚刚参加工作的热情，来到了我的母校——通洋中学。作为一名初入教坛的师范生，我有着年轻气盛的躁动，也有着浅尝甘霖的欣喜，更有着辗转反侧的焦虑。为早日成长为一名优秀的人民教师，我在教学中始终坚持认真备课、用心研究教材、潜心推敲教学方法、诚恳向前辈请教、精心设计教案、悉心批改作业，竭力虔心在各方面都成为一名合格的教师。在日常教学中，我深切地感受到，只有不断学习，用活各种教学方法来提高自身教学水平，才能上好每一节课，真正成为一名让学生喜欢和尊敬的老师。

教育家于漪说："理想就在岗位上，信仰就在行动中。" 作为老师，必须始终保持锐意进取的活力和积极向上的斗志。通洋中学地处偏僻，软硬件设施相对落后，人员流动较大，教师缺员严重。在这样的情况下，工作的第一学期，我就负责教初三两个班的化学课和初一一个班的生物课，并担任了初一一个班的班主任。肩上的巨大压力并没有磨灭我投身教育的热情，初出茅庐的我每天都早出晚归，一心扑在教育和教学工作上。经过一番不懈的努力，我的班主任工作和教学实效都在学校里渐渐凸显出来。但我并没有满足于自己现有的成绩，仍不断学习最新的教育理念，提升自身的课堂教学能力，努力为成为一名优秀的教师打下基础。

二、弘毅致远勤奋发

1996 年春学期，工作第二学期的我迎来了新的挑战——接任初二一个后进班的班主任。为了改变班级风貌、重塑班风学风，我积极探寻班级管理措施、虚心向老教师学习求教。在管理班级的过程中，我认识到提升学生的自律性是各项工作的重中之重。在不断的总结和反思中，我逐渐优化自己发现问题和快速解决问题的策略与方法，使得班级风貌在短时间内有了较大起色。我很少对班级提出整体批评，而是选择私底下与学生一对一地交流，由此走进他们的内心世界，了解他们心底的真实想法。经过一个学期的精心管理，班级的班风学风有了极大的好转，不少学生的成绩已渐渐在年级里脱颖而出、名列前茅。

工作的第二年，我成为了初三班主任。当时担任毕业班班主任的都是有丰富教学经验的教学骨干，作为一名工作才一年的年轻教师，我深感肩上的责任巨大。为了做好班级管理工作，我付出了超乎常人的努力，最终圆满地完成了自己的使命。1997 年春学期，原校团委书记工作调动，使得校团委书记职位空缺，校领导考虑到我工作认真负责、有耐心、沟通协调能力较好，便让我临时负责团委工作。由于有了两年班主任工作的经验，加上在就读盐城师范专科学校时做学生干部的锻炼，我将校团委的各项工作打理得井井有条。

1998 年，我负责教初三两个班和高一一个班的化学课。有一次，县教研室的化学教研员是文炳主任来到通洋中学视导高三教学，视导工作结束后，他随机走进了一间教室，正巧我在上化学课。我按照课前认真准备的教案，流畅地上了一节化学常态课。是文炳主任对我的课给予了较高的评价，还对我的教学工作提出了许多宝贵的建议，并鼓励我不断学习，钻研教材，提高自己。

就这样，我在通洋中学始终默默地坚守在自己的教学岗位上。当时许多人都想进城工作，我从来没有这种想法，只是潜心钻研教材，在成为优秀教师的路上摸索前行。2000年，射阳县调整教育布局，撤并了通洋中学、新坍中学，对任教高中课程的教师进行分流，我参加了教育局组织的"阳光工程"选调考试，最终以笔试、面试总分第一的成绩，进入了江苏省射阳中学。

三、益友良师身垂范

江苏省射阳中学人才济济、群星璀璨，全县最优秀的教师都聚集在这里，化学学科也不例外。刚到射中时，所有化学老师都集中在一个大教室里办公，我身边的同事几乎都是经验丰富的老教师。加入这个优秀的团队，我信心满满，干劲十足，但教学效果却总是不尽如人意，试了多种教学方法都没有太大的起色。我当时负责教高二（4）班、高一（9）班、高一（2）班三个班的化学课，前两个班的化学成绩一直很好，可高一（2）班却总是成绩平平，我苦思冥想也未能找到问题的根源。

迷惘中的我，有幸遇到了周秀英老师。周老师是一位知识渊博、教学经验丰富的老教师。有一次我去听周秀英老师的课，发现周老师的教态既严肃又和蔼，授课思路简单而清晰。课后，周老师与我进行了深入的交谈，我向她提出了自己的困惑，周老师耐心地听完我的叙述后，诚恳地提醒我，上化学课要既简单又复杂，复杂指的是备课时要事无巨细，不遗余力；简单指的是课堂上的提问要精心设计，问题要少而精，多以探索性问题诱发学生思考，千万不能好高骛远。周老师寥寥数语，一针见血地指出了问题所在。我深受启发，更加倾心于化学教学的探索、思考与实践。就这样，靠着"狠"劲备课、"韧"劲学习、"恒"劲积累，我离成为一个优秀教师的目标越来越近。

四、授业育人两相和

教师作为人类灵魂的工程师，不仅要教好书，还要育好人。我始终相信，教育就是一棵树摇动另一棵树，一朵云推动另一朵云，一个灵魂唤醒另一个灵魂。在授课之余，我常爱和学生交流，做他们的思想工作，与他们一起谈人生、聊理想。学生们遇到学习上的困难，或生活上的困惑，也都愿意找我倾诉，我总是停下手中繁忙的事务，耐心地听他们诉说，给予他们力所能及的帮助。

2004 年，我负责教高三年级一个普通班的化学课。在开学第一次摸底考试中，班上有个叫潘阳峰的男生，化学学科只完成了选择题，而且准确率很低。通过多方了解，这个男生头脑聪明、天资较好，但不思学业、调皮捣蛋。我不忍心看着这个孩子浪费了他的天赋，虚度宝贵的青春。因此，我专门找到他，主动提出要对他进行一对一的辅导。为了激发他的学习兴趣，我利用周末休息的时间帮助他查漏补缺，并适时与他进行思想上的交流，了解他内心的想法。通过几个星期的努力，潘阳峰变得勤奋认真、虚心好学，成绩进步十分明显。其他同学也深受激励和鼓舞，纷纷调整心态，认真学习，班风、学风逐渐好转，班级整体成绩也不断提升。在 2004 年的高考中，该班 54 人参加高考，其中 38 人达一本线，52 人达二本线，潘阳峰同学更是以优异的成绩考入山东大学。

我这辈子最大的幸福就是做一名教师，最大的爱好就是传道授业解惑。我怀着一腔热忱投身于伟大的教育事业中，希望通过自己的刻苦、勤勉、奉献，帮助每一位学生成长成才、实现理想。

百舸急流千帆尽　奋楫潮头勇争先

一、矢志不渝守初心

"选择了教育，就是选择了责任和奉献"，从事化学教育多年以来，我本着对每一位学生负责的工作态度，用大爱做小事，以实际行动诠释"守正创新，立德树人"的人生信念，赢得了许多学生、家长、同事的尊重与信任。2002 年春节期间，江苏省射阳中学部分中层岗位公开竞聘，我在大家的鼓励下参加了竞聘，并成功当选，成为了年级部副主任。

2005 年，信息技术并不像现在这么发达，没有 QQ、微信等通信软件。因此，我每天认真、及时地在年级部办公室窗户下的一块大黑板上公布班主任、任课老师的早晚自习到班情况及班级教学秩序检查情况，从未懈怠。鉴于我工作认真负责，又有陈惠平主任的积极推荐，我担任了高三年级主任，同时兼任高三（4）班的班主任。

高三（4）班有一个叫刘帅的学生，有一天早读课趴在桌上没有读书。我关切地询问他的状况，他回答说身体不舒服，没有力气。我担忧地建议他吃药，他说不用，只想趴在桌上多休息休息，我答应了。令人意外的是，当我中午去宿舍查看学生午休就寝情况时，发现刘帅不在宿舍。我十分担心，生怕他出了什么意外，立刻冲出宿舍到处寻找。谁知他竟然在篮球场与几个男生一同打篮球，其他学生看到我立刻就跑走了，只留他一个人站在那里，我缓缓地走过去，严肃地批评了他。但我没有对他进行简单粗暴的责罚，晚上我再次来到宿舍，细心观察他的状态，与他谈心，直到晚上 11 点多，看着学生们都香甜地睡了，我才安心地回家。我知道这个年龄段的孩子性格叛逆，所以设法避免在大家面前批评他，而是在他出操、吃饭的路上假装与他偶遇，了解他内心的想法。时间一长，我成了他无话不谈的朋友。刘帅同学也感受到了我对他的格外用心，并将心头的感动化为了努力学习的动力。最终，经过刻苦的学习与努力，他终于考上了自己理想的大学。

只有走进孩子的内心，才能真正收获教育的成果。有爱心是从事教育工作的首要前提，没有爱心就难以从事教师这份太阳底下最光辉的职业。我从来不会以说教的姿态和学生交流，而是始终与学生处于平等的地位，用朋友的身份引导他们前行，带领他们成长。在我的帮助和辅导下，王璐璐、曹兆明、徐宗连、徐达思等 100 多位学生在中国化学奥林匹克竞赛中获得了省一、二等奖及以上的好成绩。我也默默资助过张申东、张艳、李悦等多名家庭情况特殊的学生，帮他们解决生活上的困难，为他们学业的顺利完成助一臂之力。

二、锐意进取践使命

在教学工作方面，我从初为人师的新奇、喜悦逐渐走向成熟、平稳，教学理念也由"上好课"转变为"好上课"。所谓"上好课"，就是完成每节课的教学任务；而"好上课"则是坚守教师本分，不停地去读书学习、丰富内涵，以德立身、以德立教、以德施教，用自己的人格魅力去吸引学生，一节好课就能信手拈来。

我是一名共产党员，带着对党的教育事业作贡献的坚定信念工作至今，一直努力发挥着先锋模范作用，以自己的实际行动影响并引领身边的青年教师快速成长。学校安排我担任刚走上工作岗位的青年教师田同标的"师父"。古人云"授人以鱼，不如授人以渔"，我鼓励田老师在工作之余，多阅读教育教学理论书籍与化学专业杂志，不断积淀自己的理论素养。为了让田老师在专业发展的过程中少走弯路，我把我能想到的所有工作要点和注意事项，以及自己成功的做法都毫无保留地分享给他，并在田老师遇到困难的时候给予真诚的关心和帮助。我时刻谨记，当我年轻时在教育这条路上摸索前行的时候，也是许多前辈给予了我无私的关心和指导。

"学然后知不足，教然后知困。"（《礼记·学记》）教学相长，教思结合，才能相得益彰。在日常教学中，我和田老师相互评课，共同探讨，一起研究各种教学方式与方法。对于田老师教学中存在的问题，我总是毫无保留地提出自己的看法和意见，并与他一起分析不足、总结经验、寻找对策，真正地帮助田老师提高课堂教学能力。而当田老师指出我的不足之处时，我也欣然接受、虚心受教。经过一年的培养和指导，田老师在教学方法优化、课堂驾驭能力等方面都有了显著的提高。正所谓"师父领进门，修行在个人"，田老师是个领悟能力较高的人，他没有刻意地模仿我的长处，而是综合其他教师的优点和他个人的特点，形成了独到的学科见解和个人风格。在我的帮助下，田同标老师于 2009 年被评为"盐城市教坛新秀"。现在，田老师已经成为江苏省射阳中学的一名中层干部了。

似乎是由于我有较强的亲和力，老师们在开设示范课前都喜欢向我求助，让我和他们一起分析研究、谋篇布局，我也总是乐意随时随地与他们一起研究教材、修改教案、选择教法、制作多媒体课件，知无不言、言无不尽。我的热心也影响了大家，使学校同事之间都能和睦相处、团结互助。近年来，我校教师在教学基本功大赛与优质课评比中频频获奖，也常得益于背后团队的无私付出与默默奉献。

大道至简，我热爱教育事业，是因为我喜欢校园的氤氲书香。我希望自己能一直安静地教书，直到退休。从教多年来，我始终勤勤恳恳、兢兢业业，用赤诚的爱心对待求知若渴的学生，用满腔的热情指导帮助身边的青年教师，用积极探索、刻苦钻研的深情对待自己所钟爱的教育事业。为人师者，任重道远，更需风雨兼程，我时刻牢记着自己立德树人的使命，重师德、练师能、铸师魂，厚德载物，砥砺前行，真正做教育路上锐意进取、不断实现自我超越的追梦人。

薪火相承弦歌续　后浪奔涌碧波扬

一、甘为人梯映花红

周正祥名师工作室是一支由化学骨干教师组成的团队，是集教学、教研和培训等职能于一体的合作共同体。工作室自成立以来，不断加强思想道德建设，以促进学科教师专业发展为目标，以先进的教育教学思想为指导，以名师为引领，以学科为纽带，搭建促进中青年教师专业成长以及名师自我提升的发展平台，积极打造一支在盐城市乃至全江苏省学科教学教研中有成就、有影响力的高层次教师团队。

名师工作室的成立，有效地将先进的教学理念运用在了教学实践当中，在总结教学经验、培养优秀教师等方面做出了扎实有效的工作，充分展现了名师工作室的引领、示范、辐射等作用，促进了教育教学质量的提升。周正祥工作室的指导名师有江苏省特级教师徐良斌，盐城市学科带头人朱洪文、杨超、王瑶，盐城市教学能手梁健、秦宗会。

自工作室成立以来，我一直努力引领学员前行，默默做学员前行道路的灯塔，为学员树立职业目标，引导学员在教育和科研事业中快速成长，在培养教师队伍过程中发挥辐射带动作用。平日里，我常常鼓励年轻教师多学、多练，督促他们多看教学用书，多走出去听其他老师的讲课，汲取别人的优点，学习如何掌握教材、如何备课、如何在课堂上组织语言、如何提升驾驭课堂的能力，并把这些经验应用到自己的教学中，逐渐提高自己的教学水平。只有不断学习，才能使自己更好地适应教学的要求，以全新的思想、观点指导自己的教育实践。课外，还要阅读教育教学书刊，通过多种方式获取信息，不断更新自己的教育教学观念。要善于学习，博览群书，从而提高理论水平，为发挥引领、示范作用打下坚实的基础。此外，为了提高年轻人的综合素质和教学实践水平，每周我都会听一至两节年轻教师上的课，从教案设计、课堂提问等方面指出不足之处及需要改进的地方，要求学员之间互相评课，在不断的教学研讨中提升学员的教学能力。

参加比赛是最能检验和提升一个教师教学能力的途径，我鼓励年轻教师抓住每次比赛的机会，积极参加校、县、市等级别的各种赛课活动，如"周正祥名师工作室同课异构活动""盐城市青年教师教学基本功大赛""江苏省青年教师教学基本功大赛"等，在那些备战的日子里，我会帮助他们一起挑选课题、分析教材、研究教法，认真研读他们的教案设计，仔细听他们的试教课，及时指出需要改进的地方，并与他们一同修改教学设计，优化教学实施。最终，这些经过反复打磨的课都得到了较高的评价，年轻教师们也因此信心倍增。

二、精益求精结硕果

江苏省射阳中学的杨超、秦宗余、陈国庆，射阳县高级中学陈芹、范丽娟等众多青年化学教师都得到过我的悉心指导。结合他们自身的努力，这些老师都已成为学校青年教师中的佼佼者。秦宗余老师于 2011 年成为盐城市化学教学能手；杨超老师于 2015 年成为盐城市中学化学学科带头人，并荣获江苏省化学优质课竞赛一等奖第一名；范丽娟老师在 2017 年盐城市青年教师教学基本功大赛中荣获一等奖，次年因教学成绩优秀，业务能力突出，被推荐担任射阳县化学学科研训员；杨毅旭老师在 2020 年 7 月盐城市中学化学实验教学说课比赛中获一等奖，同年 8 月，在我的鼓励下积极参加盐城市青年教师基本功大赛并荣获一等奖。还记得在杨超老师成为盐城市中学化学学科带头人的庆功会上，杨老师对我说："我见过认真的师父，但是像你这么认真的还是第一个。如果不是你率先垂范、贴心指导，要我志存高远，我肯定不会取得这样的成绩。"

工作室培养了一大批青年骨干教师，每个团队成员都成长为能影响和带动其他教师的中坚力量，对周边学校教师队伍的均衡发展也起到了积极的推动作用。滨海中学、苏州十中等多所市内外学校的老师都一直与我保持密切的联系与交流，与我分享他们在教育教学中的体会与收获。

"教而不研则浅，研而不教则空"，要想做一名合格的教师，不仅要能上好课，而且还要会研究。我经常对年轻教师说，要以课引研，以研促教。因此，工作室一直将开展课题研究作为一项重要任务，精心确定研究课题，引导和督促学员们做好课题研究的总结与反思工作。其中，杨毅旭老师的《"Crocodile Chemistry"在"酸碱中和滴定"实验教学中的应用》一文发表在《化学教学》2017 年第 2 期；《基于证据的乙醇催化氧化实验的创新设计》发表于《中学化学教学参考》2021 年第 12 期。

三、砥砺前行再启航

工作室紧紧围绕立德树人的根本任务，服务于学生，帮助学生树立信心，促进学生成才，让教育教学工作更有意义。在教学中，无论是新授课还是讲评课，我都会认真备课，努力上好每一节课，每年都能结合最新的高考动态对教案进行补充和改编，并不断总结教学经验，改进教学方法，提高教学水平和业务能力。为了激发学生的学习兴趣，我旁征博引，从天文地理到心灵鸡汤，甚至引用网络流行语讲解晦涩难懂的知识点。我对学生的辅导不仅有化学知识的传授，还注重对学生道德品质、综合素质的培养和行为习惯的塑造。我一直认为，对学生有帮助的教育就是好的教育。

我私下里在高中每个年级中选一位学生进行帮扶，有物质上的资助，更有精神上的引领。在我的帮扶对象中，有一个叫陆凤云的学生家庭情况十分特殊，很小的时候，母亲就离家出走，至今杳无音讯，只留下她和父亲相依为命。父亲为供她念书，常年在外打工。陆凤云高一刚刚进入我校时，心理自卑、性格内向，我与她定期交流，谈学习方法，聊人生理想，对她进行心理疏导。在我的帮扶下，她的变化很大，语言表达能力、分析问题和总结问题的能力均有所提高，性格也渐渐开朗起来。凭借着勤奋刻苦的学习，她最终考上了自己心仪的大学，这让我倍感欣慰。

全面主持学校工作后，我的行政事务更加繁忙，经常挑灯夜战，有时上课与会议安排相冲突，我就想方设法地找同班老师调课，坚决不影响学生的课程学习。有一次，我到南京参加校长培训，还把学生的作业、备课资料放在行李箱里。培训的空闲时间里，我就批阅作业、认真备课。一回到学校，我顾不得喝一口水，就一脚踏进了课堂，同学们见我面色疲倦、声音沙哑，纷纷劝我先行休息，我说："我这几天只管自己学习，耽误了同学们的学习，我得把这个时间弥补回来。"

我热爱自己的工作，如同热爱自己的生命。早在孩提时代，教师圣洁、崇高的形象就在我心中埋下了理想的种子，使我萌发了成为一名人民教师的愿望。

如今，在教师岗位已工作了二十多年的我，发自内心地享受每一个学生成长进步的过程。

郁郁芳华来时路　草木葱茏将行处

一、情系校园心相许

不知不觉，我坚守在教学岗位已经二十多年了。多年来，不少朋友都问过我这样一个问题："如果现在让你重新选择，你还会做老师吗？"每一次我都会无比坚定地回答："当然！我从不后悔选择做老师！只希望自己能做得更好！"

校园是最纯洁的净土。校园里琅琅的读书声，是世界上最动听的声音。校园像世外桃源，宁静而美好，可以让躁动不安的心灵安静下来；又像是青春的驻地，充满活力，可以让我永葆一颗年轻的心。我爱这美丽的校园，因为她的角角落落，从低矮简陋的小楼到今天宽敞明亮的现代化教学楼，都留下了我的足迹。我的青春在这里挥洒，我的头发也在这里由黑色变成灰白。岁月在这里见证了我的教学生涯。

学校是我心中最神圣的地方。从幼年开始，老师便是我心目中最敬畏的人，他们的一言一行、一举一动对我都有着重要的指导意义。记忆里周景花和王秀丽等老师的美好形象深深地影响了我，成为一名老师是我最初的梦想。当我第一次站到讲台上，看到学生们用一双双渴求的眼睛看着我，我便已知道，我正在做这个世界上最有意义的事情，我很庆幸自己当初选择了教师这个职业。

站在讲台上的教师是最鲜活的。我喜欢教师这个职业，我喜欢看着学生们认真学习的样子，我愿意与孩子们一起快乐相处，见证他们成长的美好。于我而言，每一个学生的成长，都是莫大的鼓励与安慰。我因学生的成长而喜悦，也因学生的成长而获得满足感与成就感。当我与天真烂漫、朝气蓬勃的学生在一起时，什么烦恼、忧愁、名利都荡然无存，头脑与心灵一同被洗涤。孩子们就是阳光，能刺透心中的雾霾，让人感受到永恒的温暖。

从教二十余年，我一直坚信，做老师不难，做好老师却很难，这需要我们怀揣着对生活的热情，对职业的坚定，对学生的热爱和对教育的敬畏。若没有一腔的真诚与满怀的热血，这条路便会走得很难。

二、言传身教须笃行

教育的极致是行为的影响，在我自己的成长过程中，有着几个关键的因素：一是父亲对我的影响。我的父亲是一个勤劳朴实的人，做事手脚麻利，勤恳踏实，从不与人争执，邻居都喜欢找他帮忙，他也乐于帮助别人。空闲之余，他总是把家里收拾得干干净净。父亲勤劳善良、乐于助人的品质深深地影响了我，这种影响超越了任何语言，深刻隽永地刻在了我的骨子里。二是好老师对我的影响。遇到一个好老师是人生的幸运，我遇到了许多优秀的教师，这也是我成长过程中极为关键的因素。犹记得幼年时期，跟随姐姐一起念书，老师第一次见我，蹲下了与我说话。蹲下，这也许只是老师一个不经意的举动，可对孩子而言，意义重大。长大后，我也做了一名老师，常常担心自己做不好，因为在言传身教的过程中，教师的一言一行都有可能给学生产生一辈子的影响。三是我一直坚持学习。我不断参加各种培训，丰富自己的理论知识、提升自己的实践能力。同时，用创新的眼光去审视教学，用机智的手段去处理教学中存在的问题，精心选取教学内容，合理运用教学手段，激发学生的学习兴趣，从而极大地提高了课堂的教学效果。教育和教学的对象都是富于变化的，如果我没有长期学习的习惯，就势必不能较好地履行自己教师的职责。

三、独树一帜领新风

全面负责学校工作以来，我根据社会发展的需要和学校的实际情况，提出了新的思想观念、教育理念、办学思路。通过大家的辛勤努力，学校发展建设步伐明显加快，教师素质、办学水平、社会影响力都有了一定的提高。学校的发展建设主要体现在以下几个方面：

（一）以全面成长为目标，为师生终身发展奠基

目前，学校一直践行"全面发展，一起成长"的办学理念，要让教育拥有"师生互动，传承文明，探求真理，润泽生命，共同进步，创新发展"的理性认知和情感体验；要让学生在自我发现、自我完善、自我成就中，实现人生价值，享受人格构建的认同感和归属感；要让教师在享受工作、享受生活中，成为传播文明和快乐的使者；要让师生都能充分体会成长与进步的愉悦、成功与成才的幸福！

（二）以"校训三风"为抓手，促进学校内涵发展

坚持精细化管理，打造精品课程。争取做到办学理念明晰、办学思想先进，提出以"崇德、尚学、唯美、求真"为内容的校训，逐步形成以"三求"（求实、求是、求全）为内容的校风、以"三有"（有爱、有心、有为）为内容的教风、以"三自"（自觉、自主、自律）为内容的学风。"校训三风"对促进学校各项工作持续稳定发展、增强全校师生的向心力和凝聚力、激发大家奋发向上的热情和勇气具有重要作用。

（三）以突出特色为导向，提升学校办学水平

在校园建设升级改造的过程中，按照"立文化、丰内涵、创特色"的思路，积极落实"让学引思"课堂教学改革的总体要求，以"问题驱动"的教学策略为指导，大胆探求提高普通高中课堂教学效率的新路径，逐步形成了以"三步二主一中心"为内涵，简称"三二一"的有效课堂教学新模式，努力提高学生学习的积极性、主动性、探究性。

四、乘风破浪应有为

教育是面向未来的事业，结合教学实践与学校实际，我想，未来的专业发

展重点在以下几个方面：

（一）用好名师工作室

名师工作室是由名师带头，通过团队合作、学术交流实现团队中成员自身实力提高、教学资源共享、教育均衡发展的创新型教师群体。用好名师工作室，对一个地区的学科发展影响重大。要定期开展相应的活动，让工作室中的成员在时间的安排上有所准备，解决工作室工作与学校工作的冲突，提高各个成员的活跃性和自主性，从而促进教师队伍专业化发展，建设一支有素养、有思想、有方向的一流教师队伍，解决实施课程改革过程中出现的实际问题。

（二）强化信息化教学

2020 年年初爆发的新冠肺炎疫情，把通常在线下进行的教育逼上了"云端"，让我们切身感受到信息技术带给教育的作用与影响。对于教师来说信息化不一定非要"打破陈规"，信息化教学是指教育过程中应用各种电子资源，具体包括电子教案、教材、素材、百科知识等，这其实也考验了老师的自我消化能力，目的不外乎是让学生更加有效地接受新事物，提高其思考能力与创造能力。对于学生来说，新的教学模式并不意味着可以放松自我，而意味着要学会在原有知识的基础上认识自己，提高自己的接受能力。

（三）争做智慧型教师

教师是学生成长的"向导""引路人""伙伴""朋友""学习支持者""心灵交流者"等观念，已经被广泛地认同和接受，并在实践中渐成风尚。这意味着那些只会"教书"不善"育人"，或"腹中有书、目中无人"的教师将被淘汰或边缘化。智慧型教师应做好以下四个方面：成为主动应对挑战的学习者，成为复杂教育问题的研究者，成为课程与教学的设计师，成为精神世界丰富的教师。智慧型教师是未来教师发展的必然趋势。

"捧着一颗心来，不带半根草去"。基于对教育事业的热爱，我会一直秉持"业精为师，德高为范"的原则，始终以勤恳务实的作风、严谨认真的态度，在教育教学、行政管理等方面争取取得更好的成绩。人生之路还很漫长，我将继续把教育工作当成自己终生的事业，长远规划，放眼未来，不忘初心，砥砺前行。

春风化雨滋桃李　天道酬勤谱华章

泰戈尔曾说过："果实的事业是尊贵的，花的事业是甜美的，但是让我做叶的事业吧，叶是谦逊地、专心地垂着绿荫的。"在平凡的教学岗位上，我二十多年如一日，用真情、真心善待每一位学生，以踏实的工作作风、较高的业务水平、乐于奉献的精神默默地在我热爱的三尺讲台上辛勤耕耘，换来了满园桃李芬芳。

大道至简，我之所以努力教书，是因为我喜欢校园的书香氛围。我希望能安静地教书，踏实地做好本职工作。我一直把学生健康成长、成人、成才当成是自己人生的幸福追求，一直对自己高标准、严要求，希望自己有所作为。"我始终相信天道酬勤，相信付出终有回报。"我经常对自己，也经常对学生这样说。从教二十多年来，我始终勤勤恳恳、兢兢业业，用赤诚的爱心对待求知若渴的学生，用满腔的热情指导帮助身边的青年教师，用积极探索、刻苦钻研的深情对待自己的事业。

守初心阳光雨露育英才

教育是一方希望的田野，只要耕耘不辍，辅之阳光雨露，就会有春之繁华与秋之收获。我热爱自己的工作，如同热爱自己的生命。早在孩提时代，教师圣洁、崇高的形象就在我的心中根深蒂固。那时，我就在心中萌发了当一名人民教师的愿望。如今，在教师岗位工作已有二十多年，我视学生为子女，特别享受学生成长进步的过程。陶行知曾说过："惟有学而不厌的先生，才能教出学而不厌的学生。"在教学中，无论是新授课还是讲评课，我都认真备课，努力上好每一节课，每年都能结合最新的高考动态对教案进行补充和改编，不断总结教学经验，改进教学方法，提高教学水平和业务能力。为了激发学生的学习兴趣，我旁征博引，从天文地理到心灵鸡汤，甚至引用网络流行语讲解晦涩难懂的知识点。我上课的声音比较洪亮，一些在课堂上容易开小差不认真听讲的同学，在我的课堂上不容易走神。我坚持注重培养学生的思维品质和学习能力，只有学生具有深刻的思维能力，我才好带领他们创新；我还注重解决学生的心理问题，帮助学生克服畏难情绪，想办法让学生觉得化学学起来很轻松、很有趣。上过我课的学生，无不为我生动活泼的讲解所吸引，无不为我的负责的态度所感动、为我耐心的精神所感染。

教师的职责是教书育人，教书是本职，育人是提高。2004 年，我负责教高三一个普通班的化学课，一个叫潘阳峰的男孩在开学第一次摸底考试中，化学学科只完成选择题，而且准确率极低。我了解到该男生头脑聪明、天资较好，但不思学业、调皮捣蛋。因此，我决定一对一帮助他，采取种种措施，发现并放大他的闪光点。为了激发他的学习兴趣，我牺牲自己的周末休息的时间，帮他查漏补缺，和他交流思想。通过几个星期的努力，潘阳峰开始在课堂上主动回答问题，作业与之前相比较要认真许多，也开始拿起书本向老师请教其中的疑难问题。而且他不光认真学习化学，也会主动补习其他学科。潘阳峰变得勤奋认真，进步明显，其他同学也深受激励和鼓舞，纷纷调整心态、认真学习，使得整个班级风气都有所好转，班级整体成绩也逐渐变好。在 2004 年的高考中，该班 54 人参加高考，有 38 人达一本线，52 人达二本线，潘阳峰更是以优异的成绩考入山东大学。

我常常和学生交流，做他们的思想工作，一起谈人生、聊理想，同学们遇到学习上的困难、生活上的困惑时，都愿意找我诉说，我也总是会放下手里繁忙的事务，不遗余力地给他们提供帮助。在我的帮助下，王璐璐、曹兆明、徐宗连、徐达思等 100 多名学生在化学奥林匹克竞赛中获得了省一、二等奖及以上的好成绩。我还不动声色地资助过张申东、张艳、李悦等多名家庭情况特殊的学生，帮他们解决生活困难。

爱是教育的本质，教育的灵魂应是一种精神上的引领，我把教育当作自己一生的事业来经营。我热爱自己的学生，平等地对待每一名学生，用心和学生交流，努力做学生的良师益友，成为学生求学生涯中的阳光雨露。我相信，教育就是一棵树摇动一棵树，一朵云推动一朵云，一个灵魂唤醒另一个灵魂。

乐奉献甘为人梯映花红

我是一名优秀的共产党员，带着为党的教育事业作贡献的坚定信念从事教育工作，努力发挥先锋模范作用，以自己的实际行动影响并引领身边的青年教师快速成长，告诉大家必须牢固树立团队意识。

学校安排我担任刚走上工作岗位的青年教师田同标的"师父"，指导田老师快速成长。为避免田老师走弯路，我把我能想到的工作要点和注意事项，以及自己成功的做法都毫无保留地分享给他。在田老师遇到困难的时候给予真诚的关心和帮助，因为我时刻谨记，我年轻的时候也是一个不完美的新手教师。

古人云"授人以鱼，不如授人以渔"，我鼓励田老师工作之余多阅读教育教学理论书籍与化学专业杂志，积淀自己的理论素养。在日常教学中，我和田老师相互评课，共同探讨、研究教学中遇到的问题，就田老师教学中存在的问题提出自己的看法和意见，一起分析不足，总结经验，以提高田老师的课堂教学能力。重点指导他在教学过程中如何根据新课标的要求确立教学目标、重点、难点，并能根据学生的实际情况选择切实可行的教学方法，通过这些来提高田老师对教材的理解和驾驭能力。

孔子云："学，然后知不足；教，然后知困。"教学相长，教思结合，才能相得益彰。所以我还建议田老师坚持写教学反思，做好培优辅差工作，并经常检查他批改作业的情况，指导他积累教学经验，从而不断改进课堂教学，提高教学水平。而田老师面对我提出的不足之处，能认真感悟，虚心接受建议和指导，经过一年的培养和指导，他在教学方法优化、课堂驾驭能力等方面都有了较大的提高。在我的悉心指导下，田同标老师于 2009 年被评为盐城市教坛新秀。我还告诫田老师"师父领进门，修行在个人"，要求田老师只需借鉴我的长处，而不能刻意地模仿，必须保持自己独立的思想、独到的见解和独特的风格，要求他学会交流、沟通、合作、分享。在学习的路上，我永远觉得自己不完美，指导田同标等青年教师学习成长的过程，也是自身不断地进步提高的过程。

江苏省射阳中学的杨超、秦宗余、陈国庆，射阳县高级中学的陈芹、范丽娟等众多青年化学教师都受到过我的悉心指导，通过努力，现在他们都已成为学校青年教师中的佼佼者。其中，杨超于 2015 年成为盐城市中学化学学科带头人，秦宗余于 2011 年成为盐城市化学教学能手。在杨超老师成为盐城市中学化学学科带头人的庆功会上，杨老师举着酒杯，对我说："我见过认真的'师父'，但是像你这么认真的还是第一个。如果不是你率先垂范、贴心指导，要我志存高远，我肯定不会取得这样的成绩。"除此之外，滨海中学、苏州十中等多所市内外学校的许多老师也一直与我保持联系，交流、分享教育教学的体会与收获。

我有较强的亲和力，老师们在开设示范课前都喜欢向我求助，找我跟他们一起分析研究、谋篇布局，我总是挤出时间与他们一起研究教材、修改教案、选择教法、制作多媒体课件，我也总能做到知无不言，言无不尽，我的热心影响了大家，学校同事间都能和睦相处、团结互助。近年来，我校教师在教学基本功大赛或优质课评比中，频频夺得大奖，也得益于选手背后有个人人都乐于奉献的团队。

勤耕耘精益求精结硕果

我始终认为，作为一名教育工作者，不仅要有一颗献身教育事业的"痴心"，还要有不断创新的教育教学理念和非凡的教育科研能力。因此，我找来大量有关教育理论方法等方面的著作进行阅读，钻研有益于能力提高、专业发展的杂志，并广泛涉猎益于人格健全、素养积累的书籍，苦练内功。我想，课堂是活的，即便是课前作了较周密的思考、较完美的设计，课堂中还是会遇到新的问题，还是会遇到各种需要临时处理的情况。所以我尽可能地考虑学生的实际需要，在钻研教材时，注意把握正确的价值导向；在构思教学活动时，注意设计师生互动、双主协调的教学过程；在课堂教学调控上，注意根据课堂实时生成状况，灵活重组教学活动。我能较好地把握课堂教学的节奏，做到有张有弛，应对自如，使整个课堂达到"随风潜入夜，润物细无声"的效果。

讲台就是教师的舞台。教师必须在课堂教学中不断实践，将理念、观点融入教学中，并不断进行实践、理论、再实践的过程，直到提高教学质量。为此，我坚持多上课，上研磨课，上示范课，积极投身于教学研究，并不断将教学研究的成果进行归纳和提升；吸收各种培训、讲座的精髓，融入自身教学，构建自己的课堂教学模式，形成自己的教学风格；多次在市县研讨会、学校对外开放日活动中开设观摩课、示范课，在优质课评比中多次获奖：2003、2004 年连续两年获教育教学大奖赛一等奖；2008 年 12 月，我在盐城市"高效课堂 有效教学"对市内外开放活动中，成功开设公开课"64 醛"，受到市内外领导、专家的高度赞扬；2009 年 9 月，我执教的"碳酸钠的性质与应用"获得盐城市中学化学优质课评比一等奖；2012 年 10 月，我在射阳县校长优质课展评活动中，执教的"二氧化硫"获得一等奖；2015 年 11 月，我在射阳县青年教师培训会上执教示范课"二氧化硅与信息材料"，受到与会教师的高度赞扬，并且在省中小学教学研究室"教学新时空·名师课堂"进行直播。

工作以来，我一直坚持学习教育教学理论，丰富自己的内涵；参加各级各类培训，提高自己的素质。我于 2003 年 12 月参加了江苏省高中化学课程改革研讨班学习；2005 年 7 月、2006 年 7 月参加了江苏省教育厅组织的基础教育新课程教师省级培训；2007 年 5 月参加了盐城市教育科学研究院组织的中考命题培训；2007 年 7 月、2008 年 7 月参加了江苏省高中学生化学竞赛教练员培训；2009 年 10 月参加了江苏省教育厅组织的"省普通高中化学教师培训"

学习；2013 年 11 月参加了江苏省教育厅主办的"立德树人与思想文化建设"专题学习；2014 年 7 月参加了江苏省教师培训中心的特级教师后备高级研修班学习；2015 年 11 月参加了江苏省教育厅主办的"综合素质评价改革与高中科学质量观建立"专题学习；2016 年 7 月参加了盐城市第三届中小学校教科研骨干高级研修班学习；2016 年 10 月参加了江苏省教育厅主办的"普通高中特色发展与多样化发展模式创立"专题学习等。我在参加的所有培训中都考核合格，并且成绩优秀。

我积极参与学术研究，结合教学实践，探索教学规律，把教学与科研结合起来，积极探索优化高中化学课堂结构和提高课堂效率的途径。我主持的省教育学会"十五"规划课题"高中化学课堂教学新模式的研究"、市教育科学"十一五"规划课题"高中化学有效课堂教学的研究"已结题；我是江苏省教学研究第九期重点课题"化学学科能力表现标准及测评研究"的核心成员，主持的省"十二五"规划课题"高中化学有效教学标准及评价方法的研究"也已结题。至今已在《化学教学》《高中数理化》等省级以上刊物上发表文章五十多篇；主编、参编《高中化学学法点拨》多部质量较高的教学资料；十多次在省市会议上做交流发言；应盐城师范学院、滨海县教师发展中心等邀请，分别作了《前行，远方有风景》《有爱 有心 有为》等专题报告。

工作虽然平淡，日复一日，年复一年，但教育不是重复，而是创造。我坚持在每一周精心设计一堂课，上一堂自己认为出彩的课，和班上的后进学生谈一次话，做一次家访，读几十页专业书，写一篇教学反思或经验总结之类的文章；一学年比较成功地转化几名差生，协助管理好一个班。我坚持做学校的名师、做一个县的名师、做一个市的名师，直至做一个省的名师的理想，将大目标分解成若干个小目标，以水滴石穿的精神始终走在前进的道路上，精益求精，修炼匠心。行者常至，为者常成，我于 2009 年破格晋升为"中学高级教师"，2011 年被评为"市化学学科带头人"，2016 年被评为"江苏省特级教师"。

存长志砥砺前行再起航

我曾担任年级主任、政教处主任、分管校长，无论什么岗位，我都一直尽心尽责，注重过程管理，努力做到目标明确、措施落实，无论是在学风建设等教学常规方面，还是班风建设等德育管理方面都做了大量工作，使得本校的高考本科上线率始终处于全县领先地位，为学校发展作出了很多贡献。2005 年，我担任江苏省射阳中学高三年级年级部主任，在我的带领下，江苏省射阳中学 2005 级高考上二本线 852 人，位列全市前三。

主持学校工作以来，我根据社会发展的需要和学校的实际，提出了新的思想观念、教育理念、办学思路。通过大家的辛勤努力，学校发展建设步伐明显加快，教师素质、办学水平、社会影响力都有了一定的提高，主要体现在以下几个方面：

一、践行办学理念，为师生终身发展奠基

我提出了"全面发展，一起成长"的办学理念，主张要让学校成为学生健康成长的乐园，成为教师幸福生活的家园；要让教育成为"师生互动，传承文明，探求真理，润泽生命，共同进步，创新发展"的理性认知和情感体验；要让学生在自我发现、自我完善、自我成就中，实现人生价值，享受自我构建的认同感和归属感；要让教师在享受工作、享受生活中，成为传播文明和快乐的使者；要让师生充分体会到成长与进步的愉悦、成功与成才的幸福！

二、凝练"校训三风"，促进学校内涵发展

坚持精细化管理，打造精品课程，争取做到办学理念明晰、办学思想先进，提出以"崇德、尚学、唯美、求真"为内容的校训，逐步形成以"三求"（求

实、求是、求全）为内容的校风、以"三有"（有爱、有心、有为）为内容的教风、以"三自"（自尊、自主、自强）为内容的学风。

我提出的"校训三风"不仅是本校办学思想的集中体现，更是本校在长期的办学历程中所得到的必然产物。"校风三训"作为一所学校的精髓与魂魄，既有利于总揽学校的大政方针，促进学校各项工作持续稳定发展，又有利于增强全校师生的向心力和凝聚力，激发大家奋发向上的热情和勇气。

三、突出办学特色，提升学校办学水平

在校园建设升级改造的过程中，我在宏观上对学校的环境教育文化元素进行全局、长远、科学、有效的规划，按照"立文化、丰内涵、创特色"的思路，完善了道路、桥梁、楼宇的命名，让每一条道路、每一座楼宇、每一间教室、每一面墙壁都成为含义丰富、指向明确的教育元素，努力给莘莘学子营造一个朝气蓬勃、生机盎然的校园环境，创设一种严肃活泼、积极进取的文化氛围。

我深入推进素质教育，培养学生的核心素养，积极落实市教育局提出的"让学引思"课堂教学改革的总体要求，努力实现让每一个课堂都"灵动"的目标。在我的倡导下，全体教师以"问题驱动"的教学策略为指导，大胆探求提高普通高中课堂教学效率的新路径，努力提高学生学习的积极性、主动性、探究性，逐步形成了以"三步二主一中心"为内涵，简称"三二一"的高效课堂教学新模式。

我主张让每一个孩子都拥有健康的心理。我认为拥有健康向上的心理、积极乐观的人生态度，既是一个孩子成长的关键要素，也是现代教育的重要组成部分。学校以学生的心理需求和个性特点作为工作的第一信号，以排解学生的心理烦恼和激发学生的发展潜能为工作的第一职责，以促进学生全面而有个性的发展作为工作的第一目标，通过普及心理健康知识、建立心理健康档案、开展心理健康咨询，进行对学生的心理教育和辅导工作，以更加科学、温和的方式来教书育人。

"捧着一颗心来，不带半根草去"。基于对教育事业的热爱，我一直秉持"业精为师，德高为范"的原则，工作二十多年来，始终以勤恳务实的作风，严谨认真的态度，在教育教学、行政管理等方面倾注心血，取得了很好的成绩。如今，我已年过不惑，教了若干届毕业生，也可以说是"桃李满天下"，逢年过节，我的手机、邮箱里总会收到很多问候和祝福，我都会认真地一一回复。

我总认为，我这辈子最大的幸福就是成为了一名教师，最大的爱好就是上课。人生之路还很长，我的勤奋、敬业，就是想为教育多出点力、多做点事。我是个普通的一线老师，很平凡，但社会给予了我太多的荣誉，因此，我必须继续好好工作，努力回报社会，把教育工作当作自己的事业来做，长远规划，放眼未来，砥砺前行。

构建德育工作体系，提高育人实际效果

"把德育渗透于教育教学的各个环节，贯穿于学校教育、家庭教育和社会教育的各个方面"，努力构建有效衔接初中、大学的高中德育体系，创新德育形式，丰富德育内容，不断提高德育工作的吸引力和感染力，增强德育工作的针对性和实效性。

多年来，我校一直秉持"全面发展，一起成长"的办学理念，坚信学校是对未成年人进行思想道德教育的主渠道，家庭是对未成年人进行思想道德教育的主阵地，社会是对未成年人进行思想道德建设的主平台。只有三者有机结合、相互配合，才可以拓展学校德育空间，营造教育氛围，提高德育工作的实效性，促进学校良好校风的形成和教育质量的提高。我校正确把握高中学生思想教育的特点和规律，逐步形成鲜明的德育工作特色，并取得了明显的成效。

一、加强队伍建设，整合多方德育力量

（一）优秀的班主任队伍是德育工作的关键

建设一支师德高尚、理念先进、业务精良、素质过硬的班主任队伍，是做好学校德育工作的关键。班主任是学校德育工作的主力军，只有加强班主任队伍建设，才能提高德育工作效果。加强班主任队伍建设有四大要点：一是抓队伍，吸引思想素质高、业务能力强、工作热情高的教师到班主任队伍中，择优任用，重点培养，确保班主任队伍结构合理；二是抓学习，通过定期开展班主任例会、组织班主任论坛、德育论文比赛、撰写德育案例等形式引领班主任提升业务素质；三是抓培训，保持以优秀老班主任带新班主任，积极派遣班主任参加上级主管部门组织的培训学习的传统，同时单独定制培训项目，即定期请相关专家对班主任进行单项的专业培训，促使班主任练就专业能力；四是抓考核，坚持学校常规管理方面的考核，与职称评审、评优评先、奖金挂钩的同时，又强调德育主题活动的落实，以班主任组织系列德育活动的成效衡量班主任工作业绩。

（二）教职员工全体参与是德育工作的基础

建立由党总支、校长室、政教处、年级部、班主任为主的德育网络，成立德育领导和研究小组，以校长为组长，主管德育的副校长为副组长，在政教处、学生发展处、团委、年级部统一部署下，共同领导并实施学校的德育工作。营造一种"人人都是德育工作者"的全员育人氛围，建立班主任与任课教师、思政课程与课程思政、教师管理与朋辈互助的协同育人机制，通过"榜样示范、自勉自励、爱心放送、激发潜能"等举措，全方位发掘德育课程资源，关爱品德、学习、生活等方面存在问题的学生，把温暖送给最需要关爱的学生。

（三）家庭学校社会合作是德育工作的保障

重视构建学校、社会、家庭齐抓共管的完善的德育网络，促进和谐教育的发展。建立学校与家庭之间、学校与社区之间、学校与企业之间的协同育人机制，同向同行，确保协同育人效果最大化。确立家校联系制度，开展系列工作：设计专题网站，创设家校互动的平台；开通家校热线，听取意见，解答问题；举办"教学开放日"活动，展示学校教育教学状况；建立家长委员会，参与学校重大教育改革决策会议，积极为学校发展献计、献策。

二、注重文化建设，营造浓厚德育氛围

校园文化建设是学校发展的重要保证，包括学校物质文化建设、精神文化建设和制度文化建设，这三个方面全面建设、协调发展，将为学校树立起完整的文化形象。优秀的校园文化能赋予师生独立的人格、独立的精神，激励师生不断反思、不断超越。本校着重从环境文化、精神文化、制度文化三方面，努力营造良好的显性教育与隐性教育相结合的育人氛围。

（一）注重环境文化布置

室外环境用板报橱窗、醒目标语、宣传牌匾等宣传党的教育方针、学校办学理念、"校训三风"等，教室、宿舍、食堂等地方的布置坚持统一规划与个性化设计相结合，力争美观大方。环境文化建设指向地规划校园自然生态，努力挖掘学校历史校园、人文内涵，倡导健康积极向上的校风、班风，让学生自然而然地受到熏陶。

（二）注重精神文化建设

校园精神文化建设是校园文化建设的最高追求，主要包括校园历史传统和被全体师生认同的文化观念、价值观念等意识形态。我们充分利用各种有利契机，对学生进行爱国主义教育、养成教育、感恩教育等。积极开展第二课堂，定期举办校园文化艺术节，积极开展读书活动，努力打造"书香校园"，定期刊发符合学生身心特点的《心路导航》《文润》《润沁》《润泽》等校内刊物，播放能陶冶师生情操的歌曲等，不断丰富校园文化生活，陶冶师生道德情操。

（三）注重制度文化活动

制度文化是校园文化的内在机制，是维持学校正常秩序必不可少的保障系统。学校制度文化以科学和民主为基础，体现公平、公正、公开的原则，提倡民主管理、自主管理，促进广大师生形成良好的行为习惯、健康文明的生活方式、高尚的道德情操和积极向上的精神风貌，保证学校各项工作的顺利开展。

三、创新德育模式，凸显学生德育地位

进行"民主管理、多元评价、行为反思"的德育模式探索与实践，让学生养成"坚持真理、尊重规则、善于选择、张扬个性"的精神品质。

（一）用民主管理指导学生自治

倡导发挥学生主体作用、形成班级管理特色，营造宽松、和谐、开放的教育环境，使德育过程成为学生在教师指导下积极主动参与的过程，成为师生间双向交流的过程。推行值周班长制和值日班长制，让学生人人有事做、班级事务事有人做。常规管理放手让学生组织实施，使学生在自我管理中培养起做人的尊严感、道德感和责任感。

（二）用多元评价激发学生自尊

强调"多元关注"和"发展性评价"，完善《学生综合素质评价实施方案》，对学生健康、和谐发展进行较为科学的量化。大力推行"激励教育"，适时对优秀学生进行隆重的表彰，最大程度发挥榜样的引领作用。

（三）用行为反思促使学生自律

开展好学生操行评价工作，采取学生自评、同学互评、教师评价相结合的方式，在公正、公开的评价过程中，让学生对自己的思想、行为进行自省。指导学生对照《文明公约》，进行自省，从而引导学生遵循道德准则和行为规范。要求学生坚持写成长日记，记录自己的人生感悟，让学生在自我反思中自我完

善、健康成长。

四、优化课程设置，丰富德育工作内涵

（一）有意识地挖掘学科教学德育资源

重视将德育资源的挖掘贯穿于课堂教学的全过程。一是找准德育渗透点对学生进行学科德育渗透。在人文学科教学中，把世界观、人生观、价值观、道德观、审美观教育放在首要地位，同时有意识地发掘本地的人文传统和丰厚的文化积淀，让学生更深刻地了解人生、认识社会、感受现实。在自然科学学科教学中，让学生在提高科学素养的同时提升人文素养、道德素养。二是教学评价要努力体现人文精神，将人文教育内容加入评课标准，通过课堂评价最大限度地凸显课堂教学的人文教育功能，在科学、民主、和谐的课堂氛围中培养学生的人文素养。

（二）有目的地开发德育课程

开发德育课程有以下几种形式：一是把传统班会课改为活动课，引进辩论、演讲、研讨、知识竞赛等形式，通过充满知识性、趣味性的活动，叩击学生心灵，激励其奋发向上。二是开设人文阅读鉴赏课，引领学生博览中外名著，感悟多彩人生，提高人文修养。三是开发活动课程，开展文学、器乐、书画、英语、篮球、排球、田径等兴趣小组，在丰富的文体活动中培养学生的团队精神、合作意识和坚韧意志。

（三）有选择地拓展社会实践德育阵地

把社会实践按照课程要求分成参观类、服务类、公益类、技能类等，重视学生在学习过程中的情感体验，真正促进学生思想品德的发展。社会实践基地的开辟要遵循"前瞻性、适合性、主动性"的原则，拓展基地要做到事前有布置、事中有跟踪、事后有反馈，扎实做好事前准备工作，精心组织活动开展工作，并及时进行总结和反思。

五育并举，德育为先。我们将进一步解放思想、拓宽思路，积极探索新时代、新课程背景下德育工作的新途径、新方法，深入实施素质教育，不断丰富学校内涵，促进学生全面发展，努力把我校办成高品质示范高中学校！

多措并举，有效构建学校德育工作体系

学校是对未成年人进行思想道德教育的主渠道，家庭是对未成年人进行思想道德教育的主阵地，社会是对未成年人进行思想道德教育的主平台。三者有机结合、相互配合，可以拓展学校德育空间，营造教育氛围，提高德育工作的实效性，促进学校良好校风的形成和教育质量的提高。

一、注重文化建设，营造浓厚的德育工作氛围

着重从环境文化、行为文化、精神文化三方面，努力营造良好的显性教育与隐性教育相结合的育人氛围。

（一）优化注重熏陶的环境文化布置

一是有指向地规划校园自然生态环境的建设；二是挖掘校园人文环境的内涵建设；三是倡导健康、积极向上的校风、班风。

（二）强化注重规范的行为文化建设

一是强化自律，辅以他律。细化《中学生日常行为规范》，从学生入校、上课、就餐、锻炼、就寝等各个细节作出明确规定，倡导学生从身边事做起。

二是行为训练目标系统化、具体化。各班根据学期德育工作计划列出的每月教育重点，制定班级目标，有计划、分阶段地落实制定的目标。

三是主题教育活动。例如，开展学生心理疏导工作，发挥团体作用，培养

学生自我调控、承受挫折、适应环境的能力。再如，刊发《心路导航》《文润》《润沁》《润泽》等校内刊物，定时播放《音之韵》等能陶冶师生情操的音乐。

（三）内化注重体验的精神文化活动

根据高中生的身心特点，将德育工作寓于丰富多彩的活动之中，让学生在活动和实践中，提高道德素质和人文素养。如举行艺术节、体育节、科技节、读书节等活动。各年级也可以结合自身特点，自主开展系列教育活动，如升旗仪式、入团仪式、成人宣誓、百日誓师、毕业典礼等。再比如学生社团活动，可以组织专业知识性社团、文艺活动性社团、体育运动型社团、社会服务型社团等。

二、创新德育模式，凸显学生的德育主体地位

进行"民主管理、多元评价、行为反思"的德育模式探索与实践，让学生养成"尊重个性、善于选择、实事求是、独立思考、坚持真理、修正错误"的精神品质。

（一）用民主管理指导学生自治

为了凸显学生的主体地位，建立了学生三级自主管理制度，使学生积极主动参与德育的过程。首先是校级学生会的自主管理，其次是班级的自主管理。在此基础上，实行值周班长和值日班长"轮流执政"制度。

（二）用多元评价激发学生自尊

首先，强调"多元关注"和"发展性评价"，完善《学生综合素质评价实施方案》，对学生健康、和谐发展进行较为科学的量化。其次，大力推行"激励教育"。最后，对优秀学生进行隆重的表彰。

（三）用行为反思促使学生自律

指导学生民主制定《文明公约》，让学生反思、对照、自省，从而引导学

生遵循道德准则和行为规范。高一年级可开展"我的班规我做主"论坛活动、高二年级可开展"形象巡礼"示范活动、高三年级可开展"自律大家谈"活动。另外，每学期末开展的操行总评工作，都可采取学生自评、同学互评、教师评价相结合的方式，在公正、公开的评价过程中，让学生对自己的思想、行为进行自省与总结。

三、优化课程设置，深化校本的德育工作内涵

（一）有意识地挖掘学科教学德育资源

重视将德育资源的挖掘贯穿于课堂教学的全过程。一是找准德育渗透点对学生进行学科德育渗透。在人文学科教学中，把世界观、人生观、价值观、道德观、审美观教育放在首要地位，同时有意识地发掘本地的人文传统和丰厚的文化积淀，让学生更深刻地了解人生、认识社会、感受现实。在自然科学学科教学中，让学生在提高科学素养的同时提升人文素养、道德素养。二是教学评价要努力体现人文精神，将人文教育内容加入评课标准，通过课堂评价最大限度地凸显课堂教学的人文教育功能，在科学、民主、和谐的课堂氛围中培养学生的人文素养。

（二）有目的地开发德育课程

开发德育课程有以下几种形式：一是把传统班会课改为活动课，引进辩论、演讲、研讨、知识竞赛等形式，通过充满知识性、教育性、趣味性的活动，叩击学生心灵，激励其奋发向上。二是开设人文阅读鉴赏课，引领学生博览中外名著，感悟多彩人生，提高人文修养。三是开发活动课程，开展文学、器乐、书画、英语、篮球、排球等兴趣小组，在丰富的文体活动中培养学生的团队精神、合作意识和坚韧意志。

（三）有选择地拓展社会实践德育阵地

把社会实践按照课程要求分成参观类、服务类、公益类、技能类等，重视

学生在学习过程中的情感体验，真正促进学生思想品德的发展。社会实践基地的开辟要遵循"前瞻性、适合性、主动性"的原则。拓展基地要做到事前有布置、事中有跟踪、事后有反馈，扎实做好事前准备工作，精心组织活动开展工作，并及时进行总结和反思。

四、加强队伍建设，构建完善的德育共生圈

（一）打好德育工作的全员育人保障牌

成立德育研究和领导小组，以校长为组长，主管德育的副校长为副组长，在政教处、团委、年级部、教务处统一部署下，由全体教师分工负责，实现"学校搭台，教师表率，学生主体，全员参与"。开展"牵手结对""闪光积聚""德育提高班""党员责任区"等活动，通过"榜样示范、自勉自励、爱心放送、激发潜能"等举措，全方位关爱在品德、学习、生活等方面有问题的学生。

（二）建设好作为德育工作关键的班主任队伍

班主任是学校德育工作的主力军。建设一支师德高尚、理念超前、业务精良、素质过硬的班主任队伍，是搞好学校德育工作的关键。想要建设好班主任队伍，一要抓队伍，确保班主任队伍结构合理优化；二要抓学习，通过班主任例会、班主任论坛、德育论文比赛、撰写德育案例等形式引领班主任提升素质；三要抓培训，促使班主任练就专业能力（施爱能力、协调能力、个别教育能力、激励能力）；四要抓考核，激发班主任的工作积极性。

（三）构建德育工作的家校合作共生圈

要重视构建学校与家庭齐抓共管的完善的德育网络，促进和谐教育的发展。确立家校联系制度，开展系列工作：设计专题网站，创设家校互动的平台；开通家校热线，听取家长的意见，解答家长的问题；举办"教学开放日"活动，展示学校教育教学状况；建立家长委员会，参与学校重大教育改革决策会议，积极为学校发展献计献策。

做好德育工作这个大课题，需要我们进一步解放思想、开拓进取，积极探索新时期德育工作的新途径、新方法，全面实施素质教育，努力把学校办成学生、家长、社会心目中高质量、高品位、可信赖的品牌学校。

漫谈新形势下师生关系的新变化

如何界定师生双方的权利和义务、明晰师生双方的利益诉求、重建新型的师生关系日益成为提高教育教学效率的突出问题。作为教育工作者，我们不仅要懂得随时放下"小我"的私念，用爱搭建师生心灵沟通的桥梁，更应该学会用自省的精神、平等的姿态、民主的作风、包容的心态体察学生的心理，尊重他们的想法，引导他们、鼓励他们、帮助他们，不断丰富新形势下新型师生关系的内涵。

学校中的教育活动，是师生双方共同的活动，是在一定的师生关系的维系下进行的。师生关系是指教师和学生在教育、教学过程中结成的相互关系，包括彼此所处的地位、作用和相互对待的态度等。良好的师生关系，是提高学校教育质量的保证，也是社会精神文明建设的重要方面。

中华自古就有"天地君亲师"的说法。我国古代要求学生对教师必须绝对服从，只能听而不问，信而不疑，稍有违犯，就会受到教师的责罚。《尚书》所记"扑作教刑"和《学记》所载"夏楚二物，收其威也"，都说明古代教师可对学生施行体罚。学生只能恭敬从命，不能反问质疑。这种人身依附、依靠棍棒维持的学习纪律，压抑学生身心发展的状况，是封建社会师生关系的主要特征。

到了资本主义时期，资产阶级思想家、教育家在政治上反对封建等级制，提倡资产阶级的"自由""民主"和人的个性解放，在教育上则反对压抑儿童"天性"、无视学生人格的封建主义师生关系。18 世纪，法国的卢梭极力强调儿童的自然发展，主张改变教师的地位和作用。19世纪末，美国实用主义教育家杜威认为，要从儿童自发的兴趣和需要出发，建立以儿童为中心的师生关系。他说"这是和哥白尼把天文学的中心从地球转到太阳一样的那种革命。这里，儿童变成了太阳，而教育的一切措施则围绕着他们转动；儿童是中心，教育的措施便围绕着他们而组织起来。"这就从封建主义的"教师中心"，跃到了另一极端——"儿童中心"。

在现代社会，由于社会的进步、思想的解放，民主自由成为了现代伦理的基本精神。特别是改革开放以后，教育功利化的思潮与价值取向多元的理论一起成为了现代社会的基本价值追求，其强大的内驱动力远远大于古人所谓"闻道有先后，术业有专攻""道之所存，师之所存也"的伦理规范。从三个层面上看，师生关系出现了变化，我们需要正视下列这些新情况：

一是从学生个体角度看，现在的孩子不仅有想法，而且有勇气表达自己的观点，老师如果准备不充分或说得不对，很容易遭到学生的质疑。如果安排学生做某些事情，首先他们可能会跟你争辩应不应该做。如果是不得不去做的事情时，他们可能会有意见，老师如果再批评学生做得不好，甚至可能发生冲突。虽然现代社会的师生关系更平等、更民主，但是这种关系会更难掌控，把握不好的话，教师的尊严就会被冒犯，从而对教学工作和学生成长产生不利影响。

二是从教师个体角度看，一些教师跟不上时代发展的步伐，工作作风不够民主，教育方式简单、武断，甚至粗暴；师生关系功利化日趋突出，造成学生的抵触与对抗。随着一些校园问题被曝光，部分学生和家长对学校和老师疑虑重重。与此同时，由于一些家长护犊心切，行为蛮横，教师被伤害事件时有发生，又导致一些老师不敢管学生。

三是教师的"权威"受到了挑战。在传统社会，教师是知识的主要传播者，对知识的信仰和对教师的敬重是紧密相连的。在现代社会，学生获取知识的渠道和速度都日新月异，知识获取途径的"多元化"撼动了教师权威。当前，还会因为一小部分存在师德问题的教师，而连累整个教师群体名誉受损。久而久之，学生和家长与教师之间会筑起一道隔墙，让师生之间失去信任。不良社会风气的侵袭，让原本单纯的师生关系蒙上了一道阴影。

那么，在新的形势下教师如何才能处理好与学生的关系呢？我结合自己的工作体会，谈谈自己的看法。

一、传承师德，唤起积极的职业精神

教师的师德要求特别高，这不是社会、政府和学生强加的，而是教师职业性质和教师劳动特点决定的，也就是"经师"与"人师"的高度统一。习近平总书记在考察中国人民大学时提出，教师既要做"经师"，又要当"人师"。教育家徐特立也曾指出，教师既要做"经师"，又要做"人师"。那么什么是"经师"和"人师"呢？徐特立说："经师是教学问的，就是说除了教学以外，学生的品质、学生的作风、学生的生活、学生的习惯他是不管的。人师则是这些东西他都管。我们的教学是要采取人师和经师二者合一的方式。如果只传授知识，忽视培养方向，这样的教育是失败的。"教师只有具有积极的职业精神，才能、才会正视师生关系，处理好师生之间方方面面的问题。

二、为人师表，坚守自己的专业价值

师生关系是对立统一的，教师处于矛盾的主要方面，在运动变化中起着主导作用。因此，构建良好的师生关系关键在于教师。"学高为师，身正为范"，为人师表是师爱的重要体现，一位高素质的教师，必然是一个具有渊博知识和良好修养的人。教师树立自身美好形象非常重要，用美的形象、卓越的人格、丰富的知识去感染学生、引导学生，这是创建和谐师生关系的一个重要条件。

教师只有以身立教，为人师表，才能确立自己在教育中的地位。因此，凡是要求学生做到的，教师都应该优先做到。无数经验证明，身教重于言传，"不能正其身，如正人何？""其身正，不令而行；其身不正，虽令不从。"教师只有自己具备了良好的道德修养，才能有力地说服学生、感染学生。

教师要想得到学生的爱戴，就要利用内在的人格魅力，努力完善自己，使自己变得热情、真诚、宽容、负责，这是优化师生情感关系的重要保证。为此，教师要自觉提高自身修养，扩展知识视野，保持敬业精神，提升教育能力，努力成为富有个性和魅力的人。

三、亦师亦友，建立平等的师生关系

教育家爱默森说："教育成功的秘诀在于尊重学生。"优秀的教师不会高高在上，不会威胁或惩罚学生，他尊重学生胜过学生尊重他。教师只有尊重学生，保证每个学生在班级里都有自己的位置，才能培养学生良好的情感和品德。

教师必须把每一个学生都看成是独特而有价值的人，相信他们能够积极地去改善自己的行为。因此，在平时教师应重视建立平等、民主、和谐的师生关系，不压抑、束缚学生，而要细心呵护学生。把自己放在与学生平等的位置上，经常与学生谈心，和学生一起感受和体验，以学生的眼光去看"学生的世界"，体验学生在生活和学习中遇到的困难。教师要及时给予学生关心、帮助、鼓励和启迪，感受学生在成长过程中经历的挫折、成功，体会学生作为一个活生生的人的需要、情感、态度和发展意向，了解学生在发展过程中的自由创造和选择，以平等、宽容的态度照顾到每一个学生的情绪，鼓励和引导学生积极参与到学习中来，让学生真正成为学习的主人。教师要做学生的诤友，把学生看成是"发展中的人，能发展好的人"。这样学生对教师就会比较尊重和信赖，就会用勤奋学习来报答教师对他们的关心与期待，从而营造出一种"平等、宽松、和谐、真诚、温馨"的教学氛围。只有尊重学生的人格，让学生感觉到自己和教师是平等的人，才能建立良好的师生关系。

在课堂上，教师和学生分别扮演特定的角色，承担不同的责任，每个人都有自己的职责、学识、经验，但就人的价值和尊严而言，学生与老师的地位是平等的。作为教师，我们要摆脱绝对权威的观念，以平等的心态看待学生，明白教师的职责是培养人才。教师在实际工作中应切实当好学生的向导和助手，成为学生真诚、无话不说的朋友和知己。

四、弘扬正气，营造风清气正的育人环境

当前师生关系状况总体是好的，但确实也存在一些问题。一方面，在某些家长眼里，学校应该为所有问题无条件"买单"：学生成绩不好、出了问题、犯了错，都是老师的责任。另一方面，时有曝出的教师有违师德的事件让公众充满忧虑。中国教育科学研究院研究员储朝晖认为，当前，存在师德问题的教师只是一小部分，但公众对教育领域关注度极高，个别教师的不良行为会产生极大的舆论溢出效应，连累整个教师群体名誉受损，甚至被污名化。久而久之，学生和家长与教师之间会筑起一道隔墙，让师生之间失去信任。

因此，教育主管部门在加强监督的同时，要采取积极有效的措施，争取社会的关心和支持，建立起教育行政监督、舆论监督和社会监督体系。当前，要特别重视社会监督和舆论监督，教育行政部门和学校要面向社会，公开接受师德监督，有助于及时发现和纠正不良师德行为，防患于未然，弘扬正气，营造风清气正的育人环境，为构建和谐的师生关系保驾护航。

和谐的师生关系直接影响着教学质量的提高、学校人际关系的和谐和学生的健康成长。和谐的师生关系的建立，需要我们每一位教育者为之坚持不懈地努力奋斗。

浅谈学校管理者的非权力影响力

所谓领导者的影响力，说的是领导者在社会活动中影响和改变被领导者心理和行为的能力或力量，包括权力影响力和非权力影响力。

学校管理者的权力影响力是社会赋予学校管理者的行政管理职责产生的，

更多的带有强迫性和不可抗拒性，它对人心理和行为的激励作用是有限的。非权力影响力是管理者特有的，由管理者的品格、能力、知识、感情等决定的，可以让人更心悦诚服地接受管理者的领导。

孔子曾说："君之所为，百姓之所从也，君所不为，百姓何从？"孔子的这个观点讲的就是领导者的非权力影响力的作用，这已经在不少君王身上都得到了验证。比如北宋开国皇帝赵匡胤，他一直居安思危、崇尚节俭，以身作则并约束家人。一次，赵匡胤的女儿魏国大长公主穿了一件由翠鸟羽毛做装饰的短上衣入宫，他见到后十分气愤，要求女儿不再穿着此类衣服。赵匡胤这种节俭的做法对当时的社会产生了极大的影响，士大夫纷纷以节俭自勉，因此北宋国力愈加强盛。但北宋后期的君主无法保持赵匡胤的作风，尤其是宋徽宗赵佶，追求奢侈达到了极致，很快国破家亡，沦为阶下之囚。

宋太祖赵匡胤节俭兴国，宋徽宗赵佶奢靡亡国，一正一反不同结局的事例告诉我们，领导者的身体力行具有不可估量的意义。《大戴礼记•子张问入官》中"欲政之速行也者，莫若以身先之也；欲民之速服也者，莫若以道御之也"说的也是这个道理。

"火车跑得快，全靠车头带"。任何一个单位的管理者的非权力影响力都对单位的发展有着举足轻重的作用。北京十一中的李军校长评价他们学校的管理特色是"用校长内在的影响力去影响师生内在的发展力"，校长内在的影响力就是管理者的非权力影响力，师生内在的发展力就是个人内心主动、能动的成长能力。当这种内在发展力与校长权力或非权力的影响力达到共鸣、彼此认同之后，校长的管理必然会产生极大的力量推动学校的发展。

非权力影响力作用重大，那么，作为学校的管理者该如何提高自己的非权力影响力呢？

首先，管理者要加强道德修养，以德立威。如果学校管理者能够树立全心全意为师生服务的目标，甘当师生的公仆，为师生掌好权、用好权，学校就会安宁祥和。因为，管理者的一言一行会在群众中产生极大的影响，"上有所好，下必甚焉"，管理者不断加强自身的道德修养，增强自律意识，勤奋、公道、守信，"有所为，有所不为"，为人谦和、待人真诚、做事大度，就可以成为整个学校的一面旗帜。管理者以自己的优秀品质和健全的人格成为师生员工的榜样，切实尊重和维护师生的根本利益，特别是生存权、发展权，管理者和被管理者之间才会和谐共进。

如果管理者有权无德，不关心教职员工的根本利益，即使职位再高、权力再大、资历再深，其影响力也只能是无源之水，无本之木。换句话说，当管理者能为教师们的发展服务，制定的制度与教师的价值追求一致时，教师才会接受学校的管理。当教师知道学校的管理是为了他们的发展时，就会主动配合管理。提升了管理的质量，管理者就可以以德立威，学校就可以和谐发展。

其次，管理者要提升业务能力，以才取威。管理者要提升业务能力，强化个人素质，提高实践质量，以才取威，提高学校管理者的非权力影响力。权力的效能能否得到充分发挥，转化为高质量的实践，取决于行使权力的人即实践主体的综合素质，尤其是创新能力、实践能力。学校管理者的创新能力与他的非权力影响力是正相关的，即创新能力越强，其威望就越高；创新能力越强，其非权力影响力就越大。相反，如果管理者中断或停止了创新，其影响力就会受到削弱。一个满足于上传下达、例行公事、按部就班的学校管理者，在师生中间是不可能有什么威望的。学校管理者还必须具有战略思维能力，要懂得用远大的目标激励、鼓舞他人，要善于向师生员工描绘学校美好的未来。战略思维、长远眼光具有全局性、开放性、系统性、前瞻性、概括性等特点，对学校管理者的决策效果起着关键作用。与西方人相比，我们的管理工作往往关注开始而忽略结束，重视过程而忽略实效，在意说教而忽略实干。我们应该既要有想法，又要有方法；既要坚持原则、按章办事，又要尊重、理解他人，关注人的发展，满足人的需求；既要有求真务实的作风，还要有较高的操作能力。缺乏了群众的支持，任何美好的设想，都将无法实现。

再次，管理者要学会换位思考，以情得威。心理学研究的成果告诉我们：获得非权力影响力的关键在于移情。移情就是感情移入，换位思考，就是有同理心，真正理解与尊重他人。在关键时刻、重要场合一定要学会换位思考。在管理实践方面，换位思考要求管理者要以人为本，要在尊重员工的前提下，多从员工角度着想"为什么会这样"，多思考"假如我是他会怎样"，少苛求、多宽容，少埋怨、多理解，少指责、多尊重，创造宽松和谐、积极向上的氛围。管理者只有换位思考，才可以使自己有平静的心态，从而对局面作出全面的判断、准确的把握。这样管理者和被管理者可以更好地相互了解、相互尊重、增强信心、建立信任关系。因此学校管理者要充分重视分析全校教职员工的不同特点，对他们有所了解，将他们分成不同类型，为他们提供特色服务，满足他们的心理需求，大力宣传他的工作业绩和各种荣誉，激发教师的工作热情。尊重、欣赏老教师丰富的教育教学经验，表扬、鼓励年轻教师的专业发展，安排师德高尚、业务过硬、经验丰富的中老年教师与青年教师结成师徒对子，充分发挥中老年教师的传、帮、带作用，从思想、业务等方面对青年教师提供全面指导，一路扶持他们从合格走向优秀，并最终达到卓越。尤其要重视青年教师的培养工作，帮助他们在学校工作中找到自己的位置，实现自己的价值，他们就会关心学校的生存与发展，理解和配合学校领导班子的规划与决策。这样学校行政管理的各项工作从决策层的理念、规划到执行层的政策、制度，再到广大教职工的自觉行动，一切都会如行云流水般的自然和谐。

最后，管理者要带头争当先锋，以绩增威。习近平总书记说过，好干部要做到信念坚定、为民服务、勤政务实、敢于担当、清正廉洁。其中，勤政务实是对干部最有针对性的一个标准。群众评价领导者的政绩，不是响亮的口号，也不是高大上的指标，而是看他是否为教职工干事。"为官一任，造福一方"，学校管理者作为党的干部，必须勤勉敬业，恪尽职守，求真务实，真抓实干，在工作中，创造出经得起实践、人民和历史检验的实际成效，精益求精，就能"以绩增威"。学校管理者要有强烈的敬业精神，在岗位上勇担重任，把自己的精力集中到做实事上，踏实做人，老实做事，不甘于平庸，在工作中争创一流，在矛盾、冲突和责任面前，不回避、不逃避。这样就是一个合格的领导干部，不仅能创造出佳绩，还能赢得教职员工的口碑。

管理权威是使被管理者信从的力量和威望。这种权威是权力影响力与非权力影响力结合而形成的。一个领导者如果没有权力，非权力影响力将受到限制；同理，如果没有较强的非权力影响力，权力作用的发挥就失去了基础和前提。在权力因素已定的情况下，非权力影响力越大，领导权威就越高。学校的教职工受教育程度普遍较高，他们更加乐意接受平等、温和的领导方式。驾驭这个群体的管理者，成功领导之钥是"影响力"，而非职权。所以学校管理者不能只想着靠权力和地位去发号施令，还需要靠正确的舆论导向、良好的人际关系、公开透明的领导方式等非权力因素形成人格魅力，吸引、感召、凝聚人心，使人尊重，让人信服。

学校管理者在拥有行政管理能力的前提下，不断加强自身修养，提升业务能力，学会换位思考，争当先锋，就能自然而然地获得非权力影响力，学校的教育教学工作也会蒸蒸日上。

校长强化教师队伍建设的策略研究

教师是教育工作的中坚力量，强化教师队伍建设是教育内涵发展的重要基础。校长作为教师专业发展的第一责任人，应全面引领教师提升境界、推动教师专业成长、促进教师自主发展、增强教师幸福体验，灵活运用多种策略，扎实推进学校的教师队伍建设，不断实现教师素养的整体提升，为学校的持续性和高质量发展提供有力支撑和重要保障。

基础教育在国民教育体系中占据着先导地位，学校是基础教育改革发展的主阵地，习近平总书记曾说："一个人遇到好老师是人生的幸运，一个学校拥有好老师是学校的光荣，一个民族源源不断涌现出一批又一批好老师则是民族的希望。"但目前基础教育阶段的部分学校的某些教师仍然存在"境界不高、业务不精、能力不强"等情况。

校长作为学校发展的领航者和第一责任人，必须不断提升自身引领教师成长、促进教师队伍建设的能力，通过健全师德师风建设机制、构建能力素养提升体系、激发向上向善内在动力、彰显道德品质关怀力量等有效策略，全面建设高质量的教师队伍，为学校的持续发展提供强大动力和有力支撑。

一、强化队伍建设是教育内涵发展的重要基础

习近平总书记强调："教师是教育工作的中坚力量。有高质量的教师，才会有高质量的教育。"《中共中央 国务院关于全面深化新时代教师队伍建设改革的意见》指出，"教师承担着传播知识、传播思想、传播真理的历史使命，肩负着塑造灵魂、塑造生命、塑造人的时代重任，是教育发展的第一资源"，要"把全面加强教师队伍建设作为一项重大政治任务和根本性民生工程切实抓紧抓好"。

《国务院关于加强教师队伍建设的意见》（国发〔2012〕41号）提出，要"以提高师德素养和业务能力为核心，全面加强教师队伍建设"，"为教育事业改革发展提供有力支撑"。教育部等八部门联合印发的《新时代基础教育强师计划》要求"着力推动教师教育振兴发展，努力造就新时代高素质专业化创新型中小学教师队伍，为加快实现基础教育现代化提供强有力的师资保障"。

在新课改时代背景下，一所追求高质量发展的学校，必须将建设高质量的教师队伍作为教育发展的重要基础，不断强化教师队伍建设工作，全面推进教师素养整体提升，培养造就一大批有"理想信念、道德情操、仁爱之心、扎实学识"的"四有"好教师。

二、引领教师成长是校长专业发展的必然要求

"一个好校长就是一所好学校"，教师是学校发展的宝贵资源，校长作为"教师中的教师"，是学校教师队伍建设的灵魂，其办学理念、业务水平、道德品质、行事作风，不仅对学校的长远发展有着决定性意义，还对教师的个人成

长起着重要的引领作用。

教育部印发的《义务教育学校校长专业标准》和《普通高中校长专业标准》中指出,校长是"学校改革发展的带头人,担负着引领学校和师生发展的重任",校长作为"教师专业发展的第一责任人",应"将学校作为教师实现专业发展的精神家园","尊重、信任、团结和赏识每一位教师","尊重教师职业特点和专业发展规律,注重激发教师发展的内在动力"。

在办学过程中,校长应全面引领教师境界提升、推动教师专业成长、促进教师自主发展、增强教师幸福体验,实现学校教师素养的整体提升,扎实推进学校教师队伍建设。

三、校长强化教师队伍建设的有效策略

(一)健全师德师风建设机制,引领教师境界提升

《礼记》有云:"师也者,教之以事而喻诸德者也。"习近平总书记历来高度重视教师队伍的师德师风建设,提出要将师德师风作为评价教师队伍素质的"第一标准"。基础教育阶段的学生处于世界观、人生观、价值观形成的关键时期,具有较强的"向师性"。各中小学校长作为本校教师成长的领头人,在教师队伍建设过程中,应坚持价值导向,引导全体教师积极践行社会主义核心价值观,充分发挥文化涵养师德师风的功能,使全体教师忠诚于党的教育事业,时刻牢记全心全意为人民服务的宗旨,坚定终生从教的信念,静心教书、倾心育人;坚持党建引领,健全党内政治生活制度,以制度的力量涵养初心、坚定使命担当,充分发挥教师党支部的战斗堡垒作用和党员教师的先锋模范作用,带动全体教师不断加强师德修养,努力提升师德水平,身体力行、矢志不渝地做"四有"好教师和学生发展的"四个引路人",以高尚的师德修养、精湛的育人艺术和无私的奉献精神,塑造人民教师的光辉形象;健全学习制度,推进理论学习常态化、系统化,做到理论学习往实里走、往心里走,让每一位教师都立志成为具有大视野、大胸怀、大格局、大担当的"大先生",真正肩负起

为党育人、为国育才的重大使命。

（二）构建能力素养提升体系，推动教师专业成长

"师者，所以传道受业解惑也。"教师是人类文明的传承者、先进文化的弘扬者、人类灵魂的缔造者，除了要具备高尚的师德修养和人格品性，还应具备扎实的知识功底、过硬的教学能力、勤勉的教学态度和科学的教学方法。尤其是面对当前知识爆炸的信息时代，教师只有不断增加知识储备、完善知识结构，才能真正满足学生持续增长的求知欲望和发展需求。各中小学校长作为本校的"首席教师"，应引导每一位教师树立终身学习的理念，积极投身新课程改革的实践，努力向智慧型教师转变，在学校教育工作中不断提升自己的专业素养，成为主动应对挑战的学习者、复杂教育问题的研究者、课程教学的设计者。同时，各中小学校长应基于教师核心素养培养的专业发展路径，优化顶层设计，细化培训措施，深化课程建设，推进教学改革，鼓励课题研究，创新教育评价，创设多层次、立体化的能力素养提升体系，使全体教师不仅对本学科的知识有系统、深刻的理解，还要具备渊博的人文知识，能够准确地把握学生的认知发展规律和身心发展水平，灵活地选择适合的教学方法对学生进行具有针对性的指导，并通过对自身教育教学经验的深切反思，不断提高自身的教育教学水平，促进学生学业水平和核心素养的有效提升。

（三）激发向上向善内在动力，促进教师自主发展

时代在发展，课程在改革，学生在变化。肩负"育人兴国"重任的教师，也必须不断对自身提出符合社会发展需要的更高要求。换言之，只有充分激发教师成长的内在驱动力，才能真正使教师获得良好的个人成就感，进而有力地推动学校教育教学工作的蓬勃发展。各中小学校长应积极探索促进教师自主发展和自觉成长的有效路径，引导全体教师努力成为引领者，以高远目标为方向攀登生涯高峰，以先进理念为引领走在时代前列，以教研合一为突破促进专业发展，以开拓创新为动力塑造教育特色；努力成为改革者，坚持新课程、新教材、新高考的正确方向，积极探索符合时代要求、兼具地方特色的教育教学范

式，坚定不移地走素质教育发展之路；努力成为实践者，坚持理论学习与实践探索的辩证统一，既要不断学习新理念、新知识，又要自觉主动地用理论来指导实践，在日常的教育教学工作中大胆尝试、勇于革新，积极参加各类专业技能竞赛，磨炼自身业务水平；努力成为学习者，积极参加各类培训，做自觉学习和终身学习的践行者，通过不断地探索创新和深刻地总结反思，让经验和教训成为能力提升的阶梯。

（四）彰显道德品质关怀力量，增强教师幸福体验

现代社会竞争日益激烈，生活节奏明显加快，教师工作强度不断提高，学校作为教师活动的主要场所，要为教师的专业发展营造良好的环境氛围。校长也要在日常工作与生活中给全体教师以充分的人文关怀，在尊重人、理解人、丰富人、发展人、完善人的基础上，促进教师全面发展。各中小学校长应牢固树立以人为本的管理理念，在教师队伍建设过程中融入人性化的生命关怀，充分尊重教师的主体地位和个性需求，积极创设有利于教师发展的条件；建设学校精神文化体系，丰富教师精神生活内涵，增强每一位教师对学校的价值认同，不断增强学校教师队伍的凝聚力与向心力；构建系统化的人文关怀体系，让教师在收获自身成长的同时，感受到学校大家庭的温暖，并促使教师主动地将个体生活融入学校集体之中，逐步培养其主人翁意识；健全学校干预介入机制，在征得教师个人同意的前提下，主动地关怀教师的生活，鼓励教师参与社会公益活动，参加教育学术团体，拓宽教师的社会视野，关注教师的心理状态，推动教师的社会化成长。这样可以使教师将积极的社会体验和正向的价值情感在教育过程中潜移默化地传递给学生，更好地促进学生全面、健康发展。

第二辑　以温润之心，办温暖教育

加强课堂教学改革，提高全员育人质量

射阳县高级中学始终坚持发展内涵，着力强基固本，融通教学管理策略，深化课堂教学改革，全面推进质量提升，教育教学工作硕果累累。学校三星晋评高分通过，先后被评为"国防教育特色学校""江苏省中小学健康促进校银牌学校"，顺利通过"江苏省普通高中化学课程基地"评审，2018 年高考成绩居于三星级高中和新四星高中前列，学校的办学影响力有了很大提升。新的一学年已经拉开帷幕，我们有信心、有决心做好 2018—2019 学年教育教学工作。

一、注重顶层设计，催生教学改革内驱力

在八年的办学实践中，我校认真贯彻党和国家的教育方针，努力探索教育规律，坚持素质教育，积极推进课程改革，逐步形成了包括"办学理念""校训""三风"在内的先进教育思想，确定了"办学思想先进，综合管理规范，骨干教师云集，优质生源向往，教学设施齐全，教育特色鲜明，示范作用显著，具有良好办学业绩和社会声誉的普通高中"的办学目标。我校将继续坚持"全面发展，一起成长"的办学理念，根据实际，通过思想大讨论、征集建议、座谈会、分层次讨论、课堂实践、教代会讨论等程序，进一步打造以"三步二主一中心"为内涵的有效课堂，切实解决课堂相对传统陈旧、教师抱得紧牵得多、学生缺乏个性发展等问题。在"全面发展，一起成长"办学理念指导下完善"三二一"有效课堂实践，走育人为本的课改务本之道。

二、优化教学模式，建构课堂教学新生态

学校逐步推广和完善以"三步二主一中心"为内涵的有效课堂教学新模式。这种教学模式以"让学引思"的教学主张为指导，以"创设情境，关注发展，引导参与，指导学习"为课堂教学的原则，以"问题驱动"为切入点，通过质疑、释疑、解疑的教学过程，让学生深度参与课堂学习活动。"三步"是指明确任务自主学、解决疑难互动学和提升能力反思学。"二主"是指发挥教师的

主导作用；激发学生学习的主动性、积极性以突出学生的主体地位。"一中心"是指所有的教育教学工作都要以培养学生的核心素养为中心，具体到每一节课则是以实现课堂教学三维目标为中心。全新的教学模式，将进一步打破传统的教师讲学生听的格局，课堂不再是教师的"独角戏"，而是让学生充当整个课堂教学过程的主角，从自主学、互动学到反思学都由学生自主完成。教师则充当导演的角色，是课堂教学的策划者、组织者、合作者，起到指导、引领、提升的作用。课堂教学没有了课前的"预设"，相反，更多的是生生互动、师生互动，动态生成的全新课堂教学态势必成为常态。

三、抓好过程细节，凸显教学管理高效益

学校坚持以教学为中心，强调制度管理。推进任何一项工作、开展任何一项活动都必须做到以下几点：事前有布置，讲方案、提要求；事中有跟踪，勤督查、促整改；事后有总结，快反馈、重实效。可以建立激励机制，细化教师考核条例，把教学质量与教师个人先进以及年终奖金挂钩，做到有检查，有记录，有反馈，所有结果记入教师个人业务档案。

教学一线专门成立教学督查核心小组，采取听课、看材料、召开座谈会等方式开展教学督导，建立督导后的网上通报、评课制度，坚持全天候课堂、自习巡课制度。每月正常统计并公布各位督导人员的听课情况，中层干部每周至少听课三节，每月由校长亲自检查通报中层干部听课情况。

进一步完善教研组与备课组建设机制，多层次、全方位地推动教研工作向深层次发展。教研组活动每周一次，评课时要求至少讲三个优点和一个不足；强调集体备课定时间、定地点、定内容和定主备人，重点讨论怎么教的问题。集体备课强调导学案的编写符合"三二一"课堂教学模式的要求，倡导教师有针对性地进行个性化的二次备课。学校每周均要开设校级公开课，教研组每周均要开设学科组公开课，备课组每周均要开设组内公开课，坚持每学年举办教学大奖赛，开课的模式均要符合学校的课堂模式，评课也必须从"三二一"的

角度切入。组织教师与学生进行同步考试。不管是过程检测，还是大型考试，本学科的教师与学生同步考试，教师统一集中在年级部会议室，一方面是研究试题，另一方面是集体备课。高三年级还要求所有高三教师必须独立完成近三年的江苏省高考试卷、盐城市调研试卷或其他大市的调研试卷，加强教师对试题的研究。

继续实行有层次的考练制度即周练、月考、联考或期中期末考试。周练强调阶段基础知识和基本能力的掌握；月考注重阶段知识考查和能力提升；联考或期中、期末考试突出综合能力的培养。严格规范命题、监考、阅卷、登分等考试的各个环节，坚持做实考后各层次的质量分析。学校层面规定，每个年级每个周末和考前的一个晚上，各学科不布置具体的额外的笔头作业，主要让学生用于自主复习、查漏补缺或复习迎考，给足学生自主学习时间。教学一线继续完善培优、推中、补差机制。把边缘生分配给教师，每位教师三人左右，尽力做到一生一策；同时，修改考核方案，增加导师制的考核条例。所有教师都要能利用边角时间与结对学生进行交流、沟通，进行理想前途教育和学法指导。

四、加强联动协作，实现育人时空全覆盖

学校将进一步完善以年级部为主体的处室配合、条块结合的扁平化管理模式和教师主动参与、全员育人、全程监控的教育教学管理机制；建立多维评价体系，健全多元化的考核评价机制，推动学校管理工作向前发展。

学校加快了升级改造步伐，将进一步注重对教室文化、广场文化、墙壁文化等校园文化的整体规划和提升，努力营造有特色的校园文化环境，让校园的每一个角落都洋溢着浓浓的书香气息、彰显深厚的人文底蕴；通过师生誓词、班级文化、文明礼仪等营造润物细无声的"文化场"；通过校图书馆、班级小微图书馆、"书香阅美"系列读书活动等构建书香校园，让爱书读书成为校园时尚。

行政工作人员将通过进一步开展每天一晨会、每周一话题、每月一主题的系列主题教育活动丰富师生的生活；通过校园文化艺术节、运动会等活动不断

发展师生能力，提升师生素养。

加强与家长等社会力量的联系，广泛地营造劝学、勤学的氛围。及时召开家长会，通报当前形势及学校对教育新政的解读，寻求家长的理解和支持，形成强大的教育合力。

2018级高一新生将在三年后迎来新高考，为适应新课标、新高考的形势需求，抢占新课程改革的制高点，我校已经提前思考、主动作为、积极探索，强化新高考的研判工作，力争做到教师个个是导师，学生人人有项目。2019年的普通高中学业水平考试备战工作已经开始筹备，我们将一改过去考前强化复习、停课专门复习的做法，把功夫放在平时，把效率用在课堂，加强过程监控，强化过程考核，确保学科位次进入江苏省三星级高中前三，达标率比上年再增长0.5个百分点。

征程万里风正劲，重任千钧再奋蹄。新的学年，我校将继续秉持"全面发展，一起成长"的办学理念，继续强化"三风"建设，以争创江苏省四星级普通高中为近期目标，寻找差距，自加压力，取长补短，拼搏争先，以强烈的事业心和责任感，努力把学校办成人民满意的优质特色高中。

（射阳县高级中学2018—2019学年工作展望）

把校园建成最阳光、最安全的地方

刚刚过去的一学年，在县委县政府的有力领导和教育主管部门的正确指导下，我校师生心往一处想，劲往一处使，我校的安全工作开展得扎实有效，平安校园建设不断深化，教育教学质量稳步提升。现将我校安全工作的具体做法汇报如下：

一、加大资金投入，保障"三防"先行

我校始终坚持"教学质量与安全工作两手抓，两手都要硬"的办学方针，牢固树立"安全第一"的大局意识，以人为本，把加强安全管理作为学校首要工作，摆在突出的位置。学校在资金紧张的情况下，把"三防"建设资金的投入摆在第一位。首先，加强人防建设，在县政府安排的三名专职校园保安的基础上，我校又与盐城市佳泰物业服务有限公司签订合同，增加了七名内保人员，让门卫保安和内保人员协作管理，确保安保的全时空、无死角。其次，优化物防、技防。学校在配齐保安及门卫物防"七小件"的基础上，安装了一键紧急报警装置。在视频监控接入县公安监控平台的基础上，又在围墙上架设钢丝网，杜绝攀爬。安装防冲撞石球和周界报警系统，新建消防水池和消防水泵房，增设消防联动控制室，在原有的基础上增加了220个监控摄像头，实现了校园监控全覆盖。最后，高度重视食堂安全工作，更换了食堂的排油烟系统和过期的消防器材等。

二、优化教育方式，补齐"心防"短板

我校通过多种方式对学生进行心理健康教育和辅导，帮助学生提高心理素质，健全人格，增强其承受挫折、适应环境的能力。力争在工作中不断完善我校的心理健康教育体系。具体做法如下：

（一）建设学校心理辅导工作队伍

学校心理健康教育是所有教师的责任，学校建设起了以心理健康教师为主、以班主任教师为辅、以其他教师为基础的学生心理健康教育战线。

通过班主任会议，定期学习心理健康方面的知识，全面提高班主任队伍的心理健康教育水平。通过日常的思想教育工作、主题班会等，班主任可以将心理健康教育渗透在其中，全面培养学生健康的心理品质。

（二）开展"润心"教育

1.开展心理讲座与辅导

我校有专职心理教师 1 名，兼职心理教师 3 名，他们都拥有人社部颁发的"国家心理咨询师"职业资格证书，由心理教师不定期为各年级学生进行团体辅导、举办讲座。同时，各班主任利用心理校本课程"扬帆"进行心理健康教育，为学生提供全面的帮助，塑造班集体良好的氛围，激发群体向上的精神。

2.创建学生心理社团

为了丰富学生的课余生活，促进学生心理素质的提升，也为了营造健康和谐、文明高雅的校园文化氛围，我校创建了学生心理社团——"驿心社"。"驿心社"成功开展了丰富多彩的活动，包括讲座、沙龙、青春心语留言、团体素质拓展、心理漫画设计、原创校园心理剧本征集、心理情景剧汇演、心理黑板报手抄报评比、心理视频赏析、"5.25 心理健康节"等，均受到师生的欢迎。社团编辑部每个月还负责出版面向师生的心理校刊——《心路导航》，目前已经出刊 105 期。

3.完善心理咨询室

发挥"驿心社"的作用，完善"心灵驿站"的配备，使其更专业、温馨。心理咨询室由专任教师负责，有固定的开放时间和场所，接受以学生个体或小组为对象的咨询。

4.发挥"心语信箱"的作用

"信箱"使学生可以利用写信的方式和学校的心理教师进行沟通、预约咨询。同时，也可利用网络（电子邮件）和每周一次的周记向咨询老师或班主任反映自己的困惑和问题，使问题得到及时的解决。

5.利用学校宣传阵地

通过国旗下讲话、校园中的橱窗、教室中的黑板报以及校园广播台向学生宣传心理健康的重要性以及心理健康知识，端正学生对心理健康教育的认识。

（三）加强家校互动

要让家长充分认识到心理健康教育的重要性。以心理健康教育作为重要的内容，举办专题讲座，开展亲子活动。让家长知道，良好的心理品质是一个人成功的关键；让家长改变观念，正确认识心理健康问题，从而使家长关注到子女的行为，对子女可能出现的心理健康问题作出及时的反应。

三、增强治理力度，杜绝校园欺凌

校园欺凌既危害了学生的健康成长，又成为恶性事件暴发的诱因，我校对校园欺凌行为"零容忍"，为杜绝校园欺凌的发生，我校做了如下工作：

（一）提高认识，强化防范意识

每学期，学校都要召开"安全工作专题会议"，通过会议让全体教职工充分认识到校园暴力问题的严重程度，以及其带来的社会危害。会后要求各班班主任认真组织召开主题班会，提高学生的安全意识，加强安全防范教育和师生心理健康教育，提高学生应对校园欺凌的能力。我校还邀请法制副校长给全体学生上法制课，增强学生法制意识，产生震慑作用，使学生认识到校园欺凌是法律所不能容许的。同时，教学生在面对校园暴力时可以采取的措施。

（二）健全制度，落实领导责任制

为保障师生生命财产安全，切实维护学校正常教育教学秩序，我校成立了防范校园暴力事件领导小组，制定了《高级中学防范校园暴力事件应急预案》《高级中学紧急事态处理应急预案》等相关应急预案，建立健全了校园安全防范制度，明确了各领导小组的分工职责，确保防范工作得以顺利开展。

（三）加大排查，认真落实整改措施

学校成立了治安检查小分队，对我校存在的各种隐性的校园欺凌进行排查并积极解决排查出的问题。每天由一名校长带班，中层干部和班主任实行定时定岗值班制度；每月由分管安全的副校长牵头，中层干部组队检查勤工俭学场所，确保校园管理无缝隙。

（四）加强安保，实行 24 小时值班制

学校严格执行安保值班人员 24 小时轮流值班制度。对外来人员进出校园实行严格登记制度；上课期间，学校大门一律关闭，学生如有特殊情况需外出必须出具班主任或值日老师的批条；有家长来校找学生，一律需要登记并由值班人员检查，没有携带暴力器具及危险品，方可进入校园；禁止社会闲杂人员进入校园。严禁学生将管制刀具等危险品带入校园。年级部、班主任要强化点名制度，每节课（含早晚自习）要坚持点名，发现学生非正常缺席或者擅自离校要及时上报，并将相关信息告知其监护人，查明原因，妥善处理。宿舍严格执行 24 小时值班制度和夜间查铺制度。严禁学生私自外出，严禁在宿舍内留宿外来人员；对夜不归宿和夜间生病的学生要立即反馈，及时处理。

各位领导！学校安全工作只有起点，永无终点！我们将进一步健全安全工作组织、完善安全工作制度、规范安全工作管理，为全校师生安全工作、学习，为"平安校园示范县"的创建作出应有的贡献！

（2019 年在全县教育安全工作会议上的讲话）

务本求实　努力提升办学质量

射阳县高级中学是一所享受四星政策待遇的热点高中。目前，学校共有 208 名教职工，在校学生 3000 多名，有 55 个教学班，学校占地 223.6 亩。校园底蕴深厚，环境优雅。几年来，我校坚持走内涵发展之路，积极探索多样化发展，拓展可选择、多样化的课程，促进学生全面而有个性的发展，教育教学工作硕果累累。学校先后获得"国防教育特色学校""江苏省中小学健康促进校银牌学校"等多项荣誉，高考成绩一直居于全市三星级高中和新四星高中前列。现将我校近期的教育教学工作向各位领导、专家作简要汇报：

一、进一步注重内涵建设，坚持品位引领

（一）挖掘历史底蕴，彰显文化气息

进一步挖掘江苏省射阳中学老校园的文化内涵，校园中有四座桥，分别为耘桥、润桥、荷桥、越桥，"耘"状其职与责，"润"寓其功与能，"荷"喻其节与洁，"越"励其气与志。学校注重教室文化、广场文化、墙壁文化的整体规划，形成现代化校园与文化内涵同时立意、同时创新、和谐共生的格局，让校园文化体系成为持久激励师生奋发向上的动力。通过师生誓词、班级文化、文明礼仪等营造润物细无声的"文化场"；通过校图书馆、班级小微图书馆、"书香阅美"系列读书活动等构建书香校园，让爱书读书成为校园时尚。

（二）梳理办学历程，完善规章制度

全面、细致地修订和完善学校的各项管理制度，强化制度执行力，努力做到：事前有布置，讲方案、提要求；事中有跟踪，勤督查、促整改；事后有总结，快反馈、重实效，不断提升管理效能。继续坚持民主、科学、规范的集体决策制度，发挥教职工的参与、管理和监督作用。修订和完善职务晋级、骨干与优秀评选、奖励等方案，建立公平、科学的评价机制。时刻提醒全体教职工"我们是一家人，有一个共同的名字'县高人'"，提升全体教职工的工作积极性、主动性、有效性和创造性。

（三）关注师生精神，凸显别样情怀

学校特色教育——润心教育，主要以熏陶、体验、唤醒等方式，以师生的不同心理需求和发展要求为基点，培养学生的健康个性，激发学生的内驱动力，促使学生"知情意行"的和谐发展。继续开展"书香阅美"读书活动，正常开放教师书吧和图书馆，鼓励师生好读书、读好书；继续创办好"学生发展指导中心"，办好心理社团"驿心社"，开展包括讲座、沙龙、青春心语留言、团体素质拓展等丰富多彩的活动，正常印发校园刊物《心路导航》《润沁》《文润》《润泽》，定时播放"校园之声"。

二、进一步强化队伍建设，促进专业成长

（一）加强教师思想建设

引导广大教师牢固树立"四个意识"、坚定"四个自信"，切实将广大教师的思想和行动统一到党中央决策部署上来，担负起新时代教师的神圣使命。实施师德师风建设工程，认真学习《中小学教师职业道德规范》系列法律法规文件，注重加强对教师思想政治素质、师德师风等方面的监察与监督，强化师德考评，实行奖优罚劣，推行师德考核负面清单制度，着力健全长效机制，全面强化师德教育；进一步营造人人争做"有理想信念、有道德情操、有扎实学识、有仁爱之心"的好教师的氛围，让教师丰富起来，让教育温暖起来。

（二）加大教师培训力度

继续实行教职员工培训进修一路绿灯制度，创设机会让教师经常进行教育教学经验的总结与交流，引导教师积极投身教育教学科研，思考和解决教学中的实际问题；强化班主任、青年教师、骨干教师等专项培训，通过专题讲座、岗位练兵、案例分析等，着力培养"智慧型班主任"；通过师徒结对、跟踪指导等促进青年教师成长；通过名师工作室、名师论坛等，壮大骨干教师队伍；围绕新一轮招生考试制度改革的研究，大力推动省市县及学校各级、各类课题的申报与研究，形成"人人重视科研、个个参与科研"的良好氛围，促进教学改革的深化。

（三）加速教师角色转变

我们提出了"教师，人人是导师；学生，个个有项目"的口号，制定了全方位、多角度、深层次的导师跟踪制，要求所有教师由传统形式上的传道授业解惑的教书匠，变为现代意义上的学科教学的大家、心理疏导的专家、励志演讲的行家。导师跟踪首先是课内的跟踪，然后才是课外的跟踪；首先是非智力因素的跟踪，然后才是智力因素的跟踪；首先是各门学科的全面跟踪，然后才

动考，重点的知识反复考；创新符合学科特点的考查方式；继续坚持组织老师与学生同步考试，加强老师对试题的研究。

四、进一步研究政策形势，摸准高考脉搏

严格遵照国家普通高中课程方案及《省教育厅关于调整普通高中 2018 级学生课程方案和课程内容的通知》（苏教基〔2018〕19 号）等要求，结合我省高考综合改革的进程，适时调整课程安排和教材的使用。规范开齐各类课程，多形式、多举措开展指导活动。

严格执行课程教学计划，严禁超课标教学、抢赶教学进度和提前结束课程，严禁组织有偿补课，切实减轻学生课业负担。遵循客观、公正、透明的原则，严格按照综合素质评价和学分认定程序，规范操作过程，引导学生合理确定选考科目。

目前，我校在学科教室、创新实验室、数字校园基础建设等方面还很滞后，政府投入不足。学校编制非常紧张，按四星高中学校标准师生比最多不超过 1∶11，我校总计尚缺约百名教师，部分学科近乎不能运转，无法适应选课走班教学需要。教师的培训进修覆盖面还需进一步扩大、培训的切合度还需进一步提高。大校额、大班额都在一定程度上制约着我们学校的教育教学质量的提高，破解这个问题的许多因素，都不是学校能提供的。

如何才能更加科学合理地评价教职工、如何消除教职工的职业倦怠、如何用现行教师绩效考核制度激发调动大家工作的积极性等问题，一直困扰着我们。

2019 年，是新中国成立 70 周年，也是我校"江苏省四星级普通高中"创建开启之年。我们将秉持"全面发展，一起成长"的办学理念，不忘初心，砥砺奋进，谱写射阳县高级中学更加灿烂的新篇章！

（2019 年盐城市普通高中教学视导工作汇报）

图难于其易，为大于其细

一年来，在县委、县政府的有力领导下，在教育局的科学指导和社会各界的大力支持下，学校秉持"全面发展，一起成长"的办学理念，坚持走内涵发展之路，扎实开展"双创一争"主题教育实践活动，教育教学工作硕果累累："励志百年名校，浇筑青春梦想"研学活动影响深远；第十届校园文化艺术节大型文艺汇演精彩纷呈；第三季"书香阅美"读书活动深受好评；江苏省青少年人工智能竞赛成绩喜人；成功举办面向全市星级高中的教学开放日；送教下乡活动顺利圆满。学校还完成了"四有"好教师团队建设现场考核和文明校园申报工作，按时向县、市教育主管部门提交高质量的《射阳县高级中学高质量发展工作方案》。学校成功创建盐城市平安校园，江苏省普通高中化学课程基地建设即将完美收官，学校的办学影响力有了很大提升。我校已积极启动江苏省四星级普通高中的晋升工作，将实现自创办以来的跨越式发展。下面我从六个方面，回顾一年来的工作：

一、进一步加强组织建设，提高党建水平

学校党总支认真贯彻落实党委要求，统筹学校党建工作，认真研究新时代学校党建工作和党员教育管理工作，健全各项规章制度，完善党建工作责任制的实施办法，特别是新一届党总支改选以来，严格落实党建工作主体责任，明确领导班子成员党建工作职责，推进学校党建工作规范化、制度化、科学化。

学校党总支严格落实意识形态工作主体责任，加强学校QQ群和微信群管理，牢牢把握意识形态和思想政治教育主阵地，坚持以正面宣传为主的舆论导向，在党员、教职工中开展意识形态宣传教育工作，切实履行意识形态主体责任。

学校党总支严格执行"三会一课"和主题党日教育制度，规范党内政治生活，认真开展"两学一做"民主生活会和专题组织生活会，推进"两学一做"学习教育制度化、常态化，每季度安排一次党课教育，较好地完成各

项规定工作。

二、进一步注重内涵建设，坚持品位引领

（一）挖掘历史底蕴，彰显文化气息

进一步挖掘校园的文化内涵。校园的四座桥分别命名为耘桥、荷桥、越桥、润桥，"耘"状其职与责，"润"寓其功与能，"荷"喻其节与洁，"越"励其气与志；变"尊师公园"为"尊师园"；注重教室文化、广场文化、墙壁文化等校园文化的整体规划和提升，形成现代化校园与文化内涵同时立意、和谐共生、相得益彰的格局，让校园文化体系成为持久激励师生奋发向上的动力。通过班级文化布置、文明礼仪宣传等营造润物细无声的"文化场"；通过校图书馆、班级小微图书馆、教师书吧、"书香阅美"系列读书活动等构建书香校园。

（二）关注师生精神，凸显别样情怀

学校主要以熏陶、体验、唤醒等方式，培养学生的健康个性，激发学生的内驱动力，促使学生"知情意行"的和谐发展。关注师生的"生存、生活、生命"状态，继续办好"学生发展指导中心"，办好心理社团"驿心社"，开展包括讲座、沙龙、青春心语留言、团体素质拓展等丰富多彩的活动，正常印发《心路导航》《润沁》《文润》《润泽》，定时播放陶冶师生情操的音乐，让"润心教育"在实践中走向丰富、走向成熟。从学校发展的高度时刻提醒全体教职工"我们是一家人，有一个共同的名字'县高人'"，人人都是县高的形象大使和代言人。

三、进一步筑牢防疫堡垒，抓实线上教学

2019—2020 学年寒假期间，学校建立健全学校领导负责的传染病预防控制工作体系和工作制度，制定应对新冠疫情防控责任制度，完善相关预案，将

责任分解到各处室部门。学校开展了多种形式的健康宣传教育,普及新冠肺炎疫情防控知识,结合春季呼吸道传染病防控知识宣传,营造抗击疫情的氛围。

根据国家、省、市相关要求,制定并严格落实传染病防控制度,全力保障疫情防控所需的物资储备,对特定地区或人员的接触史进行排查,晨午晚检,做好学生因病缺课登记、复课证明查验等工作,设计并印刷相应表格,责任到人,并事先做好演练,确保顺利开学。

"停课不停学,停课不停教",三个年级分别通过现代网络建立多层次群组,始终遵循"心中有数""目中有人""点面结合"的原则,加强线上教学的针对性、实效性,实行差别化辅导,让目标生对指定的即将开讲的题目以微视频的形式提前反馈至本班学科学习群。

强化线上教学检查与考核。班主任跟踪检查到位,对学科老师多提醒,勤督促,常汇报;班主任在班主任群中汇报上课出勤人数时,一并集中汇报学科老师精准辅导情况(注明哪些学生,用什么方法,被哪位老师精准辅导等);学科老师将每天的情况截屏反馈到本班教师群,截屏时要包含日期、时间、学生回传的视频或视频聊天记录等信息,年级部查课的人员要根据班主任在群中汇报的结果,逐日汇总、通报;真正做到盯得住、瞄得准、打得中、发上力、见实效。

四、进一步加大改革力度,增强管理效能

(一)优化部门设置,激发学校管理活力

优化年级部与处室相融合的管理机制,逐步将处室设置归并为党务校务处、学生发展处、教学管理处、教师发展处、督查指导处、技术装备处、安全保卫处、后勤保障处和三个年级部。成立年级工作领导小组,进一步缩减管理层级,实现扁平化管理,形成纵向衔接、横向贯通的工作流程。实行中层以上干部研训制度、各处室部门每周五下午会办制度、中层以上干部每月例会制度等,切实提高管理效能。建立多维评价体系,进一步健全多元化的考核评价机制,推

动学校管理工作向前发展，再登新台阶。

（二）关注重点细节，提高过程管控实效

推进任何一项工作、开展任何一项活动都必须做到：事前有布置，讲方案、提要求；事中有跟踪，勤督查、促整改；事后有总结，快反馈、重实效，提倡闭环工作管理。

五、进一步强化队伍建设，促进专业成长

（一）加强教师思想建设

引导广大教师，增强"四个意识"，坚定"四个自信"，坚决做到"两个维护"，切实将广大教师的思想和行动统一到党中央决策部署上来，担负起新时代教师的神圣使命。实施师德师风建设工程，认真学习《中小学教师职业道德规范》系列法律法规文件，注重加强对教师思想政治素质、师德师风等方面的监察与监督，强化师德考评，实行奖优罚劣，推行师德考核负面清单制度，着力健全长效机制，全面强化师德教育；进一步营造人人争做"有理想信念、有道德情操、有扎实学识、有仁爱之心"的好教师的氛围，让教师丰富起来，让教育温暖起来。

（二）加大教师培训力度

继续实行教职员工培训进修一路绿灯制度，成立青年教师培训班，创设机会让教师经常性地进行教育教学经验的总结与交流，引导教师积极投身教育教学科研，思考和解决教学中的实际问题；开展班主任、青年教师、骨干教师等专项培训，通过专题讲座、岗位练兵、案例分析等，着力培养"智慧型班主任"；通过师徒结对、跟踪指导等促进青年教师成长；通过名师工作室、名师论坛等，壮大骨干教师队伍；围绕新一轮招生考试制度改革的研究，大力推动省市县及学校各级、各类课题的申报与研究，力争形成人人重视科研、个个参与科研的良好氛围，深化教学改革。

（三）加速教师角色转变

我校新成立教师发展处，开设青年教师培训班，促进教师专业成长；相继出台《射阳县高级中学教育科研成果奖励方案（试行稿）》《射阳县高级中学关于进一步推进校级基础性教科研工作的意见（试行稿）》，全力推动并提升教师教科研能力。我校提出了"教师，人人是导师；学生，个个有项目"的口号，制定了全方位、多角度、深层次的导师跟踪制度，要求所有教师要由传统形式上的传道授业解惑型教师转变为现代意义上的学科教学的行家、心理疏导的专家、励志演讲的高手。

六、进一步细化教学环节，提升教育质量

（一）整合课程资源

我校的课程设置，在尊重学生认知规律的基础上，从学生需求出发，既着眼现在，又放眼未来，致力于让教育教学的内容更加完整、丰富。我校课程设置由以下四方面构建而成：

一是基础学科拓展课程。学科课程主要以考纲为引领，进行国家课程校本化，注重让学生体验、参与，侧重实践性，强调让知识灵动起来，与生命互动、与智慧相连、与素养相融。重视学生核心素养提升，关注学生多元发展，组建音体美等特色小组，实行双语书写等级考核。

二是书香"悦"读特色课程。学校教育就是要为培养学生的自学能力创造条件、奠定基础，使学生学会学习、爱上学习。周国平曾这样理解教育：一切教育都是自我教育，一切学习本质上都是自学。书香"悦"读的过程就是自我学习的过程，当阅读成为习惯，也就是自主学习成了习惯，阅读能力就是学习能力。

三是校本德育系列课程。学校统一的校本课程《扬帆》和《导航》包括：班级德育课程（常规）、主题活动课程（校园文化、各种节日、百日冲刺誓师大会、毕业典礼暨18岁成人宣誓）、心理健康辅导课程、知识系统梳理课程、

初高中衔接课程、社会实践活动课程、疾病防控课程等。从各方面引领学生全面发展。

四是社团活动精品课程。学校开设包括科技、艺术、文化、健体等领域的五十几个社团类课程。学校利用星期六和星期日正常开展活动。让学生在丰富多彩的社团课程活动体验中，健康快乐地成长。

（二）落实教学常规

完善教研组与备课组建设机制，细化措施、注重过程、实化绩效，多层次、全方位推动教研工作向深层次发展。坚持教研组每周活动一次；强调集体备课定时间、定地点、定内容和定主备人，重点讨论怎么教；高三的集体备课要讨论一周的教学计划、教学内容，题目选择、题型选择，要讨论考纲、教法，还要讨论周练试卷的编排，瞄准考纲、紧盯教学大纲，把最新的信息、最新的高考题加进去。

坚持教考不分离的"源"题制度，现学现考，教考不能分离；过去的知识滚动考，重点的知识反复考；创新符合学科特点的考查方式；继续坚持组织老师与学生进行同步考试，加强老师对试题的研究。

加强课后作业管理，所有作业按规定格式在黑板公布。我校加强对学生周末自主学习时间的管理和利用，既要求教师在留足够多时间让学生自主学习的同时，还要引导学生科学、有效地利用周末自主学习时间对一周以来所学习的内容进行回顾梳理、查漏补缺、反思总结、拓展提升，达到周周清、段段清的目的，努力推进学生从"学会"向"会学"转变。

（三）聚焦高三课堂

高三一轮复习时，每个备课组每周至少开设一节公开课向全校开放。对开设的研讨课，备课组要人人听、人人评，语数英物四学科是一条亮点一条建议，其他学科是三条亮点一条建议，保证不重复，评课记录以电子版格式上传至年级部工作群。青年教师必须听一节上一节，每天至少有一节是本专业课。

高三二轮复习按照"关注全体、关注差异、关注心态、关注信息"的四个维度原则，把教学时间、复习内容、复习要求等细化到每一天，采用知识专题推进，渗透热点的复习方式，以考点为主干线，以热点辐射考点，切实抓好"选题、组题、考试、讲题、悟题、订正"这些环节，引导学生纠正错误、规范答题，着力解决实际问题，提高学生解决问题的能力。

我校的工作虽然取得了不少成绩，但我们也清醒地认识到在许多方面还有进一步提升的空间。"天下难事必作于易，天下大事必作于细"，我们一直坚持"复杂的事情简单做，简单的事情重复做，重复的事情用心做"，努力实现教育教学工作向"科学规范"和"用心用情"的转变。我校领导班子深刻内化习近平总书记在北京大学建校 120 周年校庆日的讲话精神，"要把立德树人的成效作为检验学校一切工作的根本标准，真正做到以文化人、以德育人"，以饱满的热情、充足的干劲，砥砺奋进，为学生健康成长、终身发展奠定基础，为教师愉快工作、幸福生活搭建平台，为地方教育提升、经济增长贡献力量！

（2019—2020 学年度射阳县高级中学述职报告）

凝心聚力谋发展，真抓实干创辉煌

一年来，在县委县政府的有力领导下，在教育局的科学指导和社会各界的大力支持下，学校秉持"全面发展，一起成长"的办学理念，坚持走内涵发展之路，各项工作都取得了很好的成绩："励志百年名校，浇筑青春梦想"研学活动影响深远；第十届校园文化艺术节大型文艺汇演精彩纷呈；第三季"书香阅美"读书活动深受好评；江苏省青少年人工智能竞赛成绩喜人；面向全市星级高中的教学开放日成功举办；学校的办学影响力有了很大提升。

一、进一步加强组织建设

学校党总支认真贯彻落实党委要求，认真研究新时代学校的党建工作和党员的教育管理，健全各项规章制度，完善党建工作责任制，特别是新一届党总支改选以来，严格落实党建工作主体责任，明确班子成员党建工作职责，推进学校党建工作规范化、制度化、科学化。

校党总支加强对学校QQ群和微信群的管理，坚持正面宣传，弘扬主旋律，切实履行意识形态主体责任。严格执行"三会一课"和主题党日教育制度，规范党内政治生活，推进"两学一做"学习教育制度化常态化。

二、进一步树牢安全意识

学校建立健全了学校领导负责的传染病预防控制工作体系和制度，开展了多种形式的健康宣教，结合传染病防控要求，普及新冠肺炎疫情防控知识，根据国家、省、市相关要求，坚持晨午晚检、登记因病缺课的学生、查验复课证明，做好来访接待、临时隔离、健康教育宣传等工作，责任到人，确保学校安全。

"停课不停学，停课不停教"，三个年级分别通过现代网络建立多层次群组，始终遵循"心中有爱""目中有人""点面结合"的原则，提高线上教学的针对性，强化线上教学检查与考核，多提醒、勤督促，真正做到瞄得准、盯得住、发上力、见实效。

三、进一步注重内涵建设

（一）挖掘历史底蕴，彰显文化气息

进一步挖掘校园的文化内涵，给四座桥分别命名为耘桥、荷桥、越桥、润桥，"耘"状其职与责，"润"寓其功与能，"荷"喻其节与洁，"越"励其气与志；改"尊师公园"为"尊师园"；注重教室文化、墙壁文化等的整体规

划；通过校图书馆、班级小微图书馆、教师书吧和"书香阅美"读书活动等构建书香校园，让爱书、读书成为校园时尚。

（二）关注师生精神，凸显人文情怀

学校主要以熏陶、体验、唤醒等方式，以师生的不同心理需求和发展要求为基点，培养学生的健康个性，激发学生的内驱动力，促使学生"知情意行"的和谐发展，在成就学生的同时使教师获得自身的发展。关注师生的"生存、生活、生命"状态。正常印发刊物《心路导航》《润沁》《文润》《润泽》，让"润心教育"在实践中走向丰富、走向成熟。

四、进一步加大改革力度

（一）优化部门设置，增强中层管理活力

优化年级部与处室相融合的管理机制，设置党务校务处、学生发展处、教学管理处、教师发展处、督查指导处、技术装备处、安全保卫处、后勤保障处。成立年级工作领导小组，缩减管理层级，形成纵向衔接、横向贯通的格局，实现扁平化管理，切实提高效能，推动学校管理工作再登新台阶。

（二）关注重点细节，提高过程管控实效

推进任何一项工作、开展任何一项活动都必须做到：事前有布置，讲方案、提要求；事中有跟踪，勤督查、促整改；事后有总结，快反馈、重实效，提倡闭环工作管理。

五、进一步强化队伍建设

（一）加强教师思想建设

引导广大教师，增强"四个意识"，坚定"四个自信"，做到"两个维护"，担负起新时代教师的神圣使命。实施师德师风建设工程，强化师德考评，推行师德考核负面清单制度，着力健全长效机制，进一步营造人人争做"有理想信念、有道德情操、有扎实学识、有仁爱之心"的好教师的氛围，让教师丰富起来，让教育温暖起来。

（二）加大教师培训力度

继续实行教职员工培训进修一路绿灯制度，创设机会让教师经常进行教育教学经验的总结与交流，开展班主任、青年教师、骨干教师等专项培训；引导教师积极投身教育教学科研，思考和解决教学中的实际问题；围绕新一轮招生考试制度改革的研究，大力推动省、市、县及学校各级、各类课题的申报与研究，力争形成人人重视科研、个个参与科研的良好氛围，深化教学改革。

（三）加速教师角色转变

我校新成立教师发展处，开设青年教师培训班，促进教师专业成长；相继出台《射阳县高级中学教育科研成果奖励方案（试行稿）》《射阳县高级中学关于进一步推进校级基础性教科研工作的意见（试行稿）》，全力推动并提升教师教科研能力。推动"教师，人人是导师；学生，个个有项目"理念进一步落实，制定了全方位、多角度、深层次的导师跟踪制度，要求所有教师由传统形式上的传道授业解惑型教师转变为现代意义上的学科教学的行家、心理疏导的专家、励志演讲的高手。

六、进一步优化教学要素

（一）整合课程资源

在尊重学生认知规律的基础上，从学生需求出发，构建既着眼现在，又放眼未来，更加完整、立体、丰富的课程体系。我校课程设置由以下四方面构建而成：

一是基础学科拓展课程。重视学生核心素养的提升，关注学生多元发展，组建音体美等特色小组，实行双语书写等级考核。

二是书香"悦"读特色课程。阅读成为习惯，也就是自主学习成了习惯，阅读力就是学习力。

三是校本德育系列课程。目前，我校校本课程有"高中生涯规划选科指导""扬帆""导航"等。

四是社团活动精品课程。学校开设包括科技、艺术、文化、健体等领域的五十几个社团，利用星期六和星期日开展活动，让学生在丰富多彩的活动体验中，健康快乐地成长。

（二）落实教学常规

完善教研组与备课组建设机制，细化措施、注重过程、多层次全方位推动教研工作向深层次发展；坚持教考不分离的"源"题制度，过去的知识滚动考，重点的知识反复考；继续组织老师与学生同步考试，加强老师对试题的研究。

统筹学生学习时间，加强课后作业管理。老师要引导学生科学有效地利用周末时间，对一周以来所学习的内容进行回顾梳理、查漏补缺、反思总结、拓展提升，达到周周清、段段清的目的，努力推进学生从"学会"向"会学"转变。

（三）聚焦常态课堂

每个备课组每周至少开设一节公开课，人人过堂，循环进行，"关注全体、关注差异、关注心态、关注反映"，努力做到心中有爱，目中有人。对开设的研讨课，备课组要做到人人听、人人评。

坚持"复杂的事情简单做，简单的事情重复做，重复的事情用心做"，努力实现教育教学工作向"科学规范"和"用心用情"转变，把立德树人的成效作为检验学校一切工作的根本标准，以饱满的热情、充足的干劲，砥砺奋进，为学生健康成长、终身发展奠定基础，为教师愉快工作、幸福生活搭建平台，为地方教育水平提升贡献力量！

（2020 年任职试用期满考核述职报告）

笃行不怠，奋楫前行

一学年来，在县委、县政府的有力领导下，在县教育局的科学指导以及社会各界的大力支持下，我校秉持"全面发展，一起成长"的办学理念，坚持走内涵发展之路，扎实开展"双创一争"主题教育实践活动，教育教学工作硕果累累："励志百年名校，浇筑青春梦想"研学活动影响深远；第十届校园文化艺术节大型文艺汇演精彩纷呈；第三季"书香阅美"读书活动深受好评；江苏省青少年人工智能竞赛成绩喜人；成功创建盐城市平安校园、盐城市智慧校园；被表彰为盐城市教育工作先进集体。

我校占地面积 223.6 亩，绿化覆盖率 62%。目前，学校有学生 3236 名，高三 18 个班，高一高二都是 19 个班，班额都比较大；教职工 216 人，教师工作量普遍较大、负担较重。但我们学校从领导班子成员到普通教师都能克服困难，全面落实全市普通高中教育教学工作会议精神，逐步推进"深度学南通、快速提质量"教育教学改革，争取实现教育教学质量跨越式提升。

一、进一步注重内涵建设，坚持品位引领

（一）加强组织建设，提高党建水平

认真贯彻落实上级党委要求，统筹推进学校党建工作，推动学校党建工作规范化、制度化、科学化。严格落实意识形态工作主体责任，加强对学校 QQ 和微信工作群的管理，坚持正面宣传舆论导向，弘扬主旋律。严格执行"三会一课"和主题党日教育制度，规范党内政治生活，推进"两学一做"制度化、常态化。

（二）紧扣课程标准，更新育人理念

以更新育人理念、提升教育效果为目标，全面开展各学科新课程标准学习，围绕师德建设、课程建设、课堂教学、教育管理等教育热点问题，以阶段性、

系统性学习为主导，以业余自主学习为补充，开展师德素养、学科素养、综合素养等培训，提升教师的学科素养、专业水平和职业能力。

（三）关注师生精神，凸显人文情怀

关注师生的"生存、生活、生命"状态，继续办好"学生发展指导中心"，开展青春心语留言、团体素质拓展等丰富多彩的活动，正常印发《心路导航》《润沁》《文润》《润泽》，让"润心教育"办学特色在实践中走向丰富，走向成熟。

二、进一步加大改革力度，增强管理效能

（一）优化部门设置，激发学校管理活力

优化年级部与处室相融合的管理机制，逐步将处室设置归并为党务校务处、学生发展处、教学管理处、教师发展处、督查指导处、技术装备处、安全保卫处、后勤保障处和三个年级部。成立年级工作领导小组，进一步缩减管理层级，实现扁平化管理，形成纵向衔接、横向贯通的工作流程。实行中层以上干部研训制度、各处室部门每周五下午会办制度、中层以上干部每月例会制度等，切实提高管理效能。建立多维评价体系，进一步健全多元化的考核评价机制，推动学校管理工作向前发展。

（二）关注重点细节，提高过程管控实效

推进任何一项工作、开展任何一项活动都必须做到：事前有布置，讲方案、提要求；事中有跟踪，勤督查、促整改；事后有总结，快反馈、重实效，提倡闭环工作管理。

（三）策应发展改革，完善奖励激励方案

为进一步推进教育教学改革与发展，充分调动广大教师工作积极性和创造性，不断提升教育教学质量，本着"以德为先、注重实效、按劳分配、优绩优

酬"的原则，对原有的《射阳县高级中学超课时津贴实施方案》进行的补充、调整和完善，于 2020 年 11 月 11 日晚经由教代会讨论审议并全票通过。

三、进一步强化队伍建设，促进专业成长

（一）加强教师思想建设

实施师德师风建设工程，注重加强对教师思想政治素质、师德师风等的监察与监督，推行师德考核负面清单制度，加快建设师德全员养成体系，进一步营造人人争做"四有"好教师的氛围，让教师丰富起来，让教育温暖起来。

（二）加大教师培训力度

继续实行教职员工培训进修一路绿灯制度，通过专题讲座、岗位练兵等，着力培养智慧型班主任，通过成立青年教师培训班促进青年教师成长，通过名师工作室、名师论坛等壮大骨干教师队伍，大力推动省、市、县及学校各级、各类课题的申报与研究，推动形成人人重视科研、个个参与科研的良好氛围，深入开展"书香阅美"活动，构建书香校园，形成人人爱读书、读好书的良好风尚。

（三）加速教师角色转变

实行全方位、多角度、深层次的导师跟踪制，要求所有教师由传统形式上的传道授业解惑型教师转变为现代意义上的学科教学行家、心理疏导专家、励志演讲名家。

四、进一步细化教学环节，提升教育质量

（一）加强"五新"研究

根据年级和学科特点制定详细的计划，全面展开，全体参与，全程督查，全员考核，对新课程、新课标、新高考、新教材、新课堂等"五新"进行学习

研究，定期定量让全体教师做近几年的典型高考试卷或市联考试卷，继续实行教师与学生同步考试，强化对试题的研究，力求更好地把握高考趋势和走向。

（二）优化课堂教学

践行新课程理念，坚持先进的教学理念不动摇，坚持有效的教学方法不放弃，坚持系统的教学改革不间断。我校"三二一"有效课堂教学模式的"三步"是指：第一步明确目标自主学，第二步解决疑难互动学，第三步提升能力反思学。"二主"是指：积极发挥教师的主导作用；激发学生学习的主动性、积极性，突出学生的主体地位。"一中心"是指：所有的教育教学工作都要以培养学生的核心素养为中心，具体到每一节课则是以实现课堂教学目标为中心。本学年起，全校三个年级所有学科实行课时导学案制度，从校情、生情实际出发，每一节课都以"浅一点、少一点、慢一点、细一点、活一点、实一点"为基本原则，努力做到学在前，教在后；练在前，讲在后；变讲堂为学堂，变教材为用教材；学法指导贯穿教学始终，学情调研贯穿教学始终。

（三）落实教学常规

优化备课活动。落实二次备课，备课—听（上）试教课—评课—研课—再备课；细化"一日一研"，组织公开课—听课—评课（两个优点一个缺点）—备课（本周教学内容）—研讨。其中，备课内容主要围绕"讲什么？怎么讲？为什么这样讲？还可以怎么讲？"进行。研讨的内容主要针对现阶段教学中的一些问题进行研究，包括学科思想、学法指导、学习心理问题、学生应试方法等方面。

加强学习内容与时间的统筹管理。加强对学生周末自主学习时间的科学管理，既要求老师在留有足够多时间让学生自主学习的同时，还要引导学生科学、有效地利用周末进行自主学习，教育引导学生利用周末时间对一周以来所学习的内容回顾梳理、查漏补缺、反思总结、拓展提升，达到周周清、段段清的目的，努力推进学生从"学会"向"会学"转变。

聚焦日常课堂。备课组组内研讨课、教研组组内示范课、校级公开课，要求人人上场，循环往复。对开设的研讨课，备课组要人人听，人人评，评课记录以电子版格式上传至学校群。青年教师必须听一节上一节，每天至少有一节是本专业课。

五、进一步创新管理措施，全力备战高考

（一）营造紧张奋进的备考氛围

通过开展活动（如 7 月 18 日我校开展高考倒计时授牌仪式）、教室文化布置、课间跑操口号等营造"紧张"的学生学习氛围；通过关心教师发展、搭建各种平台、考核条例突出团队等来营造"积极进取"的教师发展氛围；通过家庭和学校的沟通合作营造"联动共赢"的家校合育氛围。

（二）完善扶差补弱的培养机制

进一步强化年级部的"导师制"工作，为高三学生提供个性化的服务。积极研究"导师制"的创新做法，责任到人，有规划，有落实，有记录，有检查，确保为相关学生提供个性化的教育教学服务，使他们通过努力能如愿实现自己的高考目标，也为学校高考总目标的实现作出贡献。

（三）构建协同合作的管理模式

各年级都成立了年级工作领导小组。高三工作领导小组作为高三工作的领导核心，其任务一是加强与县内外兄弟学校的沟通与联系，积极参加学校联盟活动，汲取兄弟学校的先进做法，尽可能多地参加多校联考，把学情分析放到更大的数据盘中；二是在年级部垂直管理的基础上，进一步强化年级部和学校各教育教学管理部门的横向联系，密切合作，彼此协同作战，以便更好地发挥管理效能；三是推进"包片蹲班"工作制度，把任教高三年级的中层干部分配到高三年级各个班级，指导班级教育教学工作。

我们的工作虽然取得了不小的成绩，但我们也清醒地认识到在许多方面还有进一步提升的空间：如何进一步加强与兄弟学校的互访互动，如何进一步减

轻教师负担、提高教师待遇，等等。"天下难事必作于易，天下大事必作于细"，我们一直坚持"复杂的事情简单做，简单的事情重复做，重复的事情用心做"，努力实现教育教学工作向"科学规范"和"用心用情"转变。我们深刻内化习近平总书记在北京大学师生座谈会上的讲话精神，"要把立德树人的成效作为检验学校一切工作的根本标准，真正做到以文化人、以德育人"，以饱满的热情、充足的干劲，砥砺奋进，为学生健康成长奠定基础，为教师愉快工作搭建平台，为地方教育质量提升贡献力量！

（2020 年盐城市普通高中教学视导工作汇报）

聚焦内涵建设，努力推进学校高质量发展

2020 年秋至 2021 年春的这一学年，我校始终以习近平新时代中国特色社会主义思想为指导，全面贯彻党的教育方针，遵循教育规律，求真务实，攻坚克难，取得了防疫抗疫、教育教学的双胜利。

这一年，我校"崇德·尚学"四有好教师团队喜获省重点培育；"励志百年名校，浇筑青春梦想"社会实践活动喜获省级大奖；学校成功创建盐城市平安校园、盐城市智慧校园、射阳县文明校园；学校被表彰为盐城市市教学质量先进集体、盐城市安全工作先进集体；以崇俊老师为代表的多名教师在国家、省、市、县层面获奖或受表彰，所获荣誉数量之多、奖项之高，远超以往。

这一学年，我校成功举办了一系列高层次、高规格的活动：全省教学开放日、送教下乡、新教材培训会、全国新教育化学书目审核会、《青年文摘》的编辑巩高峰走进校园举办青春读书分享会、"军检妇校"共建校园国防教育专题讲座、中国书法家协会名誉主席中央文史馆馆员苏士澍一行莅临我校讲学，提升了学校的办学品位，扩大了学校的办学影响。2020 年，我校策划编辑了

《风华》一书，以特别的方式纪念建校十周年。这些成绩凝结着全校教职工的心血和汗水，彰显出县高人不同凡响的素质与素养、使命与担当、智慧和力量，得到了社会各界的普遍认可。

根据《市委市政府关于加快全市教育高质量发展的意见》（盐发〔2019〕9号）、《射阳县人民政府关于2021年全县社会事业发展的工作意见》（射政发〔2021〕5号）文件精神，学校的各项工作紧紧围绕着"安全、质量、创建"展开，人人争做"为民服务孺子牛、创新发展拓荒牛、艰苦奋斗老黄牛"，抓住机遇，乘势而上，深化改革创新，聚焦内涵建设，推进学校高质量发展。

一、坚持党建引领，注重师德师风，打造特色

坚持把党的建设摆在首位，全面坚持党对学校各项工作的领导，提升教师的政治素养和思想修养；强化师德师风建设，加大专项整治力度，净化教育风气；强化育人意识，树立育人自觉，积极创建"三结合"教育网络。

（一）加强党务工作，提高党建水平

认真贯彻落实上级党委要求，统筹推进学校党建工作，推动学校党建工作规范化、制度化、科学化。严格落实意识形态工作主体责任，加强对所有工作群的管理，进一步建设微信公众号，传递正能量，弘扬主旋律，唱响教育好声音。严格执行"三会一课"和主题党日教育制度，规范党内政治生活，推进"两学一做"制度化、常态化。以庆祝建党一百周年为契机，学校组织高二年级进行了"迈步辽阔征程，献党百年华诞"徒步来回20多千米的春学期祭扫烈士墓活动和高一年级千余师生"崇德明理传薪火，尚学求真铸红魂"主题研学活动；还相继组织了以"传唱红色经典，传承红色基因"为主题的红歌比赛、"踏寻先辈足迹 坚定奋斗信念——参观中共华中工委纪念馆"活动、志愿者团队来到射阳县合东镇社区开展"建党百周年，勇担青春责"主题社会实践活动、举办了"传承红色基因 谱写时代华章"主题书法大赛、组织开展了"青春心向党，筑梦新时代"主题板报设计评选活动、开展了"百年献礼，喜迎华诞"主

题征文活动、"百年党史青年说"演讲比赛等红五月系列活动。

（二）注重思想建设，提升教师素质

实施师德师风建设工程，加强对教师思想政治素质、师德师风等方面的监察与监督，推行师德考核负面清单制度。进一步营造人人争做"四有"好教师的氛围，召开了"崇德·尚学"好教师团队建设工作推进会，与盐城中学联合举行了省"博约·融合·共进""崇德·尚学"重点培育好教师团队联合研修活动；与射阳县陈洋中学、射阳县盘湾中学成功举行了第二次校际交流活动；组织高三骨干教师赴如皋市第二中学进行了为期三天的跟岗研训活动。

（三）构建育人体系，关注师生精神

以行为规范养成教育为主线，使主题班会系列化，开展形式多样、丰富多彩的主题教育活动，以重大节日为点、日常为线，一个时期一个重点，如在社会实践活动、教育大奖赛、开学典礼、18岁成人仪式、红五月、国庆节等时机时段加强教育活动，实现"大目标，低起点，短距离，长效应"。关注师生的"生存、生活、生命"状态，开展青春心语留言、团体素质拓展等活动，让"润心教育"办学特色在实践中走向丰富、走向成熟。这一年中，我们先后组织了第十一届"春雨"杯教育大奖赛、"悦读阅美"读书活动第四季总结表彰大会暨第五季启动仪式、"邮票上的党史——中国共产党成立100周年主题图文展"活动、"青春逐梦心向党，十八而志勇担当"2021届高三学生成人仪式、毕业典礼暨高考出征誓师大会。我校高二（13）班学生李欣悦获"菁菁"杯第五届江苏省中小学生"诵读红色经典，学传百年历程"盐城市高中组特等奖，省大赛二等奖。

二、坚持五育并举，致力教育教学，激发活力

学校坚持素质教育不动摇，注重学生全面而有个性的发展；坚守"问题即课题，教学即教研"理念，大力开展校本微型课题研究，用教研教改解决教学

难题，突破育人瓶颈；精准把握新时代、新形势下人才培养的目标、任务、特点和规律。

（一）进一步推动全面发展，深化教育改革

以德为先重视品格塑造，坚持立德树人，挖掘德育素材、丰富德育载体；以智为本提升教育质量，积极开展高效课堂研究、校本研修、"一师一优课、一课一名师"等活动，全面提升课堂教学效果；以体为重促进健康成长，采用"3+1"模式，使学生体质监测率达100%；以美为贵增强文化熏陶，确立学校美育文化传播主基调，统整学校与社会美育课程资源；以劳为基倡导知行合一，认真开展校园环境整理、实验教学检查、社团活动成果检验等工作。

（二）进一步推动学习研讨，筑牢提升根基

加强对"新课程""新课标""新教材""新高考""新课堂"的"五新"研究；规定以教研组为单位集中学习研讨《中国高考评价体系》《中国高考评价体系说明》；所有教师每月研做两份学科综合练习，全员做真题、真做题，自主研讨分享，并将研讨成果运用到教学中去；各年级工作领导小组加强与县内外兄弟学校交流"五新"学习经验，汲取兄弟学校的先进做法，尽可能多地参加多校联考，把学情调研放到更大的数据盘中。

（三）进一步推动精细管理，提升管理效能

从我校校情、学情出发，每一节课都以"浅一点、少一点、慢一点、细一点、活一点、实一点"为基本原则，以学定教、以教导学，努力做到学在前、教在后，练在前、讲在后，变讲堂为学堂，变教教材为用教材，让学法指导与学情调研贯穿教学始终。教研组、备课组的活动正常化、制度化，继续开展组内研讨课，争取个个登台、人人亮相。继续推行导师制制度，要求教师做到心中有爱，目中有人，面向全体，紧盯关键学生不放松；进一步推进"包片蹲班"工作制度，把在相应年级教学的中层干部分配到年级各个班级，指导班级教育教学工作。

三、坚持内涵建设，聚焦高三课堂，提升质量

学校继续落实立德树人的根本任务，坚持以人为本，以对接和适应新高考为契机，以内涵建设和促进发展为主线，加强文化建设，守正创新、行稳致远。

（一）推进文化内涵建设

不断改进校园文化设计，注重教室文化、广场文化、墙壁文化等的建设，着力校本课程开发，提升了校园文化品位。我校初步丰富了办公楼楼道教育格言牌匾，更新了教学楼动漫励志格言，定期更新校园广场展板和三个年级宣传展板内容，新增了校园主干道灯箱和文化小品"梦想，从这里启航"；每月刊发《心路导航》《润沁》《文润》《润泽》等校园刊物，修订了《扬帆》《导航》《高中生涯规划指导手册》等校本教材，校园文化体系已经成为持久激励师生奋发向上的动力。

（二）推行项目管理机制

坚持务实重行、真抓实干，以"项目导向、创新驱动"为主线，以"点"的突破带动"面"的推进，通过整合优势资源，明确目标任务，落实责任主体，节点化推进，努力做到"事前有布置，讲方案、提要求；事中有跟踪，勤督查、促整改；事后有总结，快反馈、重实效"，形成项目明确、责任明晰、措施具体、绩效可考的项目化管理运行机制，着力提升中层干部的管理能力，推动学校教育教学工作再上新台阶。

（三）聚焦高三有效课堂

高三一轮复习时，每个备课组每周至少开设一节研讨课向全校开放。对开设的研讨课，备课组要做到人人听、人人评，语数英物四学科是一条亮点一条建议，其他学科是三条亮点一条建议，保证不重复，评课记录以电子版格式上传至年级部工作群。青年教师必须听一节上一节，每天至少有一节是本专业课。高三二轮复习按照"关注全体、关注差异、关注心态、关注信息"的原则，把

教学时间、复习内容、复习要求等细化到每一天，采用知识专题推进、渗透热点的复习思路，以考点为主干线，以热点辐射考点，切实抓好"选题、组题、考试、讲题、悟题、订正"这些环节，引导学生纠正错误规范答题，着力解决实际问题，提高学生解决问题的能力。

"天下难事必作于易，天下大事必作于细"，我们一直坚持"复杂的事情简单做，简单的事情重复做，重复的事情用心做"，努力实现教育教学工作向"科学规范"和"用心用情"转变，我们县高人将以更加奋发的激情、务实的精神，把忠诚写在岗位上、把担当融入事业中，提起百倍信心，焕发出冲天干劲，争当表率，争做示范，走在射阳教育高质量发展前列！

（2020—2021 学年度射阳县高级中学述职报告）

聚焦高质量，持续推进学校教育教学
迈上新台阶

我校始终以习近平新时代中国特色社会主义思想为指导，全面贯彻党的教育方针，深入推进素质教育，2021—2022 学年，学校的各项工作紧紧围绕着"安全、质量、创建"展开，深化改革创新，聚焦内涵建设，求真务实，攻坚克难，取得了防疫抗疫、教育教学的双胜利。

这一年，我校省"崇德·尚学"四有好教师团队建设持续深入，四星校园改造项目有序推进，学校被表彰为盐城市安全工作先进集体，周正祥校长光荣入选"苏教名家"培养工程，以崇俊、丁玲玲等老师为代表的多名教师在国家、省、市、县层面获奖或受表彰，所获荣誉数量之多、奖项之高，远超以往。

这一年，我们成功举办了一系列高规格活动："弦歌奋进，炫彩青春"大型文艺汇演、第十二届"悦教杯"教学大奖赛、第十二届"春雨杯"教育大奖赛、对外公开教学暨"崇德·尚学"好教师团队研修活动、第五季"悦读阅美"读书活动、2022届高三百日誓师大会、2022届高三毕业典礼暨高考出征仪式、三八妇女节系列庆祝活动、五四青年节"四个一"主题系列活动、教职工子女高考祝福活动、退休职工欢送会、课程基地考察交流活动、疫情防控党员先锋义务执勤活动等。朱翔凤同学在 2021 年盐城市中学中职学校"微团课"大赛中荣获一等奖；在第十九届"叶圣陶杯"全国中学生新作文大赛中，我校共有108 名同学喜获大奖，学校还荣获第十九届"叶圣陶杯"大赛优秀团体奖。

这些成绩凝结着全校教职工的心血和汗水，彰显了县高人的使命与担当、智慧和力量。

一、优化制度设计

（一）坚持党建引领

学校认真贯彻落实上级党委要求，统筹推进学校党建工作，努力推动学校党建工作规范化、制度化、科学化。学校严格落实意识形态工作主体责任，规范工作群管理，加强微信公众号建设，传递正能量，弘扬主旋律，唱响教育好声音；严格执行"三会一课"和主题党日教育制度，规范党内政治生活，推进"两学一做"制度化、常态化。

（二）健全管理制度

学校牢固树立向管理要质量的理念，将办学理念、发展目标、文化传统、校园风尚融入学校制度建设，陆续制定了239种制度章程、公约规定、管理办法、实施方案、工作条例、细则、说明、预案，形成了完备的管理制度体系。优化年级部与处室相融合的管理机制，设立学科结合干部，成立年级工作领导小组，缩减管理层级，实现扁平化管理，形成纵向衔接、横向贯通的工作流程，极大提升了管理效能，有力推动了学校管理工作向前发展。

（三）建立反馈机制

学校建立健全多元化考核评价机制，严格落实精细化管理要求，始终坚持

"事前有布置，讲方案、提要求；事中有跟踪，勤督查、促整改；事后有总结，快反馈、重实效"的管理方式，形成了项目明确、责任明晰、措施具体、绩效可考的项目化管理运行机制，确保了各项工作高质量、高标准地有序、有力、有效推进。

二、强化队伍培养

（一）加强教师思想建设

学校深入实施师德师风建设工程，推行师德考核负面清单制度，把提高教师思想政治素质和职业道德水平摆在首要位置，高度重视对师德师风的监察与监督，依托省"崇德·尚学"好教师团队，在全校范围内营造出人人争做"四有"好教师的良好氛围，努力让教师丰富起来，让教育温暖起来。

（二）促进教师角色转变

学校提出了"教师，人人是导师；学生，个个有导师"的口号，制定了全方位、多角度、深层次的导师跟踪制度，要求所有教师由传统的传道授业解惑型教师转变为现代意义上的学科教学的行家、心理疏导的专家、励志演讲的高手。导师跟踪制首先是课内的跟踪，然后才是课外的跟踪；首先是对非智力因素的跟踪，然后才是对智力因素的跟踪；首先是对各学科全面的跟踪，然后才是对本学科的跟踪；首先是对生活的跟踪，然后才是对学习的跟踪。

（三）拓宽教师成长路径

学校实行教师培训进修一路绿灯制度，通过专题讲座、岗位练兵等方式培养智慧型班主任，通过成立青年教师培训班促进青年教师成长，通过名师工作室、名师论坛等壮大骨干教师队伍。同时，鼓励教师撰写教育教学论文并参赛发表，大力推动省、市、县及学校各级、各类课题的申报与研究，形成"人人重视科研、个个参与科研"的良好氛围。

三、深化课程改革

（一）打造高效课堂模式

学校根据年级和学科特点制定详细的计划，全面开展、全体参与、全程督查、全员考核，加强教师对新课标、新高考、新教材的学习研究，实行师生同步考试，促使教师及时把握高考趋势和走向。课堂教学以"浅一点、少一点、慢一点、细一点、活一点、实一点"为基本原则，结合学生实际创设学习情境，通过"让时间""让黑板""让活动"等方式，引导学生自主学习、互动学习、反思学习，努力做到学在前、练在前，教在后、讲在后，变讲堂为学堂，变教教材为用教材，让学情调研与学法指导贯穿教学始终，倾力打造"明确目标自主学、思维进阶互动学、素养达成反思学，感受生活、体验成长、领悟生命"的课堂模式。

（二）提升教研教学品质

学校进一步完善教研组与备课组建设机制，创新教研活动形式，丰富教研活动内容，提高教研活动效果。扎实推进半日教研活动，由教研组长牵头组织全组教师学习相关文件、政策、法规等；研究阶段性教学计划、方案，进行教学质量评价与总结；研究教学规律，改进教学方式和方法；研究高考及市联考试题；交流研讨培训、参观、学习经验；举行教学论坛、学科沙龙等。瞄准学科核心素养，全面推行导学案一课一案，实现学习任务课课清、天天结；坚持教考结合的"源"题制度，现学现考、以考促学；加强作业管理，降量提质；实施巡课制度、学科干部"包片蹲班"制度、全员导师制度、教学满意度测评制度；中层以上干部全部下沉核心备课组，定时、定点、定人参与指导。

（三）完善校本课程体系

学校积极响应国家"双减"政策，落实"五项管理"工作要求，丰富大课间活动内容，开展了跑操、跳绳、踢毽子、跳曳步舞等丰富多彩的体育活动。学校不断完善校本课程体系，形成"六大系列课程"：一是主题德育特色课程，开发《扬帆》《导航》等系列校本教材，开展班级德育、重大节日庆典、研学旅行等德育活动；二是基础学科拓展课程，以新课标和高考评价体系为指导，编写初高中衔接课程，推进国家课程校本化；三是强体赋能健康课程，实施体育固本行动，正常开展疾病防控、心理健康辅导，强化学生体育锻炼，建立健全学生体能健康评价标准；四是"悦读阅美"文化课程，常态化举办读书评比、演讲比赛、专题讲座、校园文化艺术节，发行《润沁》《文润》《润泽》等校园刊物；五是劳动教育融合课程，把劳动教育纳入人才培养全过程，广泛开展形式多样的校内外劳动实践活动；六是社团活动精品课程，成立了涵盖科技、艺术、文化、健体等多领域的六十多个社团组织，给予学生展现风采的舞台。

当然，这一年的工作中，我们也发现一些不足，例如，学生学习的内驱力和积极性有待进一步激发，集体教研的形式还需进一步开发、效果还需进一步提高等。

总之，学校全面坚持党的领导，高度重视校园制度和文化建设，着力构建以"崇德、尚学、唯美、求真"的校训，"求实、求是、求全"的校风，"有爱、有心、有为"的教风，"自觉、自主、自律"的学风为基础的学校精神文化体系，积极优化管理机制，不断提升管理效能，学校工作逐步实现了由"传统习惯"走向"科学规范"、由"苦干蛮干"走向"实干巧干"的根本转变，切实推动了全体教职工从"用力"工作到"用心"工作，再到"用情"工作的境界提升。

我们县高人将以更加奋发的激情、务实的精神，把忠诚写在岗位上、把担当融入事业中，提起百倍信心，焕发出冲天干劲，争当表率，争做示范，走在射阳教育高质量发展前列！

（2021—2022 学年度射阳县高级中学述职报告）

强化使命担当，切实履职尽责

我校作为射阳县中小学信用监管试点工作试点单位之一，坚决遵守《事业单位登记管理暂行条例》，自觉提高事业单位信用评价关注度，及时办理变更登记事项，按照时间要求开展信用等级自评工作、完成年报工作，不断加强学校信用体系建设，积极通过信用管理来助推学校公益性职能的有效履行，努力办好人民满意的教育。

一、事业单位登记管理工作方面

（一）近年来教育教学情况稳步提升

我校坚持与时俱进，注重内涵发展，始终秉持"全面发展，一起成长"的办学理念，深入践行"崇德、尚学、唯美、求真"的校训精神，扎实开展"双创一争"主题教育实践活动，教育教学成果显著，高考文化本科达线人数在全市同类学校中一直位居前列，已成为射阳县高中教育质量提升的主要增长点。

近年来，我校先后荣获射阳县教学管理工作先进集体、射阳县文明单位、盐城市中小学德育工作先进集体、盐城市教育系统先进基层党组织、盐城市A级食堂、盐城市学校安全工作先进集体、盐城市五四红旗团委、盐城市巾帼文明岗、江苏省青少年科技教育先进学校、江苏省现代教育技术应用先进单位、江苏省平安校园、江苏省健康教育促进学校、江苏省三星级普通高中、江苏省普通高中化学课程基地、省重点培育"四有"好教师团队等荣誉称号。

当前，我校正积极响应射阳县政府 2022 年为民办实事工程的相关要求，认真对照江苏省四星级高中的创建标准，立足于"以创促建、以创促改、以创促发展"的星级高中评估宗旨，审慎制订四星级高中创建方案，紧密推进各项前期工作部署，全面启动创建四星级高中筹备工作，力争早日建成四星级高中，以此满足广大人民群众对优质教育资源的强烈需求，为擦亮地区"学在射阳"品牌作出应有贡献。

（二）学校师德师风建设成效显著

我校高度重视师德师风建设，始终把提高教师的思想素质和道德修养作为教师队伍建设的首要任务，深入实施师德师风建设工程，推行师德考核负面清单制度，把提高教师的思想政治素质和职业道德水平摆在首要位置，对师德师风进行监察与监督，积极建设师德全员养成体系，并依托省重点培育"崇德·尚学"好教师团队这一平台，营造出人人争做"四有"好教师的良好氛围，努力让教师丰富起来，让教育温暖起来。

二、履职效能评估工作方面

（一）县管校聘改革

县管校聘改革使学校有了更多用人、管人的自主权，我校以机构编制核查和履职效能评估为契机，进一步推进当下正在进行的县管校聘改革，通过履职效能评估工作为县管校聘改革提供依据，在实行教师聘任制的过程中，不断优化竞争机制，实现岗位聘任与职务聘任相结合，在党员干部、教职员工中形成能上能下、能进能出、人尽其才的氛围，使有能力、有责任心的优秀教师能够充分发挥才干与潜力，使那些不思进取、混日子的教师产生"危机感"。在此过程中，学校的内部活力和教师的工作积极性被充分激发，全体教师自觉形成要努力做好本职工作的心理动因，主动提高工作效率和教育教学质量，为我校的高质量发展注入了源源不断的活力。

（二）重视效能评估工作对学校工作的促进作用

机构编制核查工作和履职效能评估工作的开展，为我校的党建工作、班子建设、队伍建设、管理制度建设提供了重要的参照物和坐标，不仅帮助我校进一步优化管理运行效能，还有力推进了我校的"四星"创建工作，为我校的长效发展奠定了坚实基础。

1.党建工作

我校深入学习贯彻习近平新时代中国特色社会主义思想，严格落实意识形态主体责任，切实增强"四个自信"、牢记"四个意识"，始终把对党忠诚作为基本政治素养，以高度的政治自觉坚决执行上级部门的各项决策部署，在学校管理、校园建设、干部任免、资金使用等方面坚持集体研究、民主决策、末位表态，以制度管事、管人，不断统筹推进学校党建工作的规范化、制度化、科学化。

2.班子建设

我校高度重视学校领导班子的办学理念、业务水平、道德品质、行事作风对学校长远发展的决定性作用，不断加强领导班子的自身建设，积极打造政治坚定、德才兼备、团结协作、务实高效、清正廉洁、治校有方的领导团队和"精简、统一、效能"的组织机构。领导班子成员始终保持过硬的政治素质、坚定的理想信念和务实的工作作风，在锐意进取中不断推动学校的创新发展。

3.队伍建设

我校历来将教师作为学校发展的第一要素和教育教学工作的主体，高度重视师德师风建设，始终把提高教师思想素质和道德修养作为教师队伍建设的首要任务，并着力打造一支高素质、专业化、创新型教师队伍。在教师队伍建设过程中，我校积极为教师的专业发展创设条件、搭建平台，依托各项教研培训活动，引领教师成长，促进教师发展。高品位教师队伍的建设，不仅为我校教育教学质量的稳步提升打下了坚实基础，更为学生的成长成才提供了有力保障。

4.管理制度

我校牢固树立向管理要质量的理念，制定了制度章程、公约规定、管理办法、实施方案、工作条例、细则说明等共239种，形成了完备的管理制度体系。我校不断优化年级部与处室相融合的管理机制，设立督查指导处，明确学科结合干部，成立年级工作领导小组，缩减层级，实现扁平化管理，形成纵向衔接、横向贯通的工作流程，极大提升了管理效能，有力推动了学校管理工作向前发展。

（三）社会满意度

教育是民族振兴、社会进步的重要基石，是功在当代、利在千秋的德政工程，对提高人民综合素质、促进人的全面发展、增强中华民族创新创造活力、实现中华民族伟大复兴具有决定性意义。履职效能评估工作的开展，有力地助推了我校公益性职能有效履行，为我校办好人民满意的教育提供了重要指导与帮助。

我校深入贯彻立德树人的根本任务，全面落实"以学生发展为本"的教育理念，积极改变重智育轻德育、重认知轻情感、重分数轻素质、重效率轻质量的弊端，关注学生的学习需求和个性培养，促进学生德智体美劳全面发展，并以发展学生的核心素养为目标指向，在学科教学的基础上，突出学生跨学科综合能力的提升，并综合考虑适应社会、终身学习、成功生活、个人发展等多方面要求，完善人才素养培养体系，构建有利于学生长远发展和终身幸福的高质量育人模式，真正做到了让家长放心、让社会称赞。

（2022 年履职效能评估调研座谈会谈话稿）

润泽生命　守护成长

我校一直重视德智体美劳五育融合，自觉落实立德树人根本任务，但在疫情背景下，我校在强化学生安全意识、重视学生心理健康教育等方面也暴露出一些不足。为此，学校召开专题会议，决定进一步拓宽心理健康教育的渠道，推进学生教育引导工作更加系统、全面、有效地开展，为学生点亮心灵的明灯，为他们的健康成长、终生发展奠定坚实基础。

一、优化顶层设计，推进管理升级

（一）构建多维管理网络

我们将继续实行德育、教学、技术三个维度的管理体系，即学生发展处—班主任—学生的德育管理网络；教学管理处—科任教师—学生的教学管理网络；心理咨询室—心理健康教师—学生的技术管理网络，使心理健康教育融入学校的各项工作中，并传递给每一位学生。

（二）规范教师施教行为

学校将进一步通过教职工大会、年级工作会议、教研组会议等方式严格落实《新时代中小学教师职业行为十项准则》和师德师风建设"十项禁令"要求，严禁体罚或变相体罚学生，严禁言语侮辱学生，严禁对学生采取停课、叫家长、劝退等简单粗暴的教育方式。加强教师职业道德和行为规范教育，引导教师争做"四有"好教师，以爱立身、以爱立教、以爱施教，引导学生健康成长、不断进步。

（三）强化学生教育管理

开展学生异常情况筛查，分类建立家庭困难学生、学习困难学生、留守儿童、心理发育异常学生、不良行为学生、特异体质学生等专项台账，按照红色、黄色、蓝色"三色"，进行分级、分类建档，实行一生一档，真正做到底数清、情况明。加强校纪校规教育，规范学生言行举止、仪容仪表，增强学生遵纪守规的意识。

二、重视队伍建设，提升管理水平

（一）壮大心理教师队伍

学校鼓励教师在业余时间自学心理健康知识，通过阅读书报、上网查询等途径丰富自身的理论水平，并在实践中积极积累经验，撰写案例和论文。

（二）定期组织学习培训

学校将定期组织教研活动，经常性举办培训班、观摩研讨会、专题讲座等活动，对班主任和任课教师进行培训，提高他们给学生做思想工作的能力。

（三）推动课程思政育人

结合各学科特点，学校将加大思政专题培训力度，引导教师主动挖掘学科中的思政元素，积极主动将思政元素有机融入学科课程教育教学过程中，将价值塑造、知识传授和能力培养三者融为一体，提升课程思政育人能力。

三、突出学生主体，提升管理效能

（一）注重实践路径开辟

学校将进一步积极探寻"创办学生发展指导中心""构建教育教学渗透途径""开通网络咨询服务工作"三种教育引导路径，印发《心路导航》《润沁》《文润》《润泽》等校园刊物；持续开展"专题教育活动""主题德育活动""体验感知活动"等教育引导工作，开展诸如"走在春天里"社会主义核心价值观教育实践活动、"书香阅美"读书活动、能增强学生认同感和归属感的社团活动等，把心理健康教育融入学生成长过程的始终。

（二）丰富课间活动内容

学校还将根据学校场地的特点，开展传统跑操、自编原创的绳舞和曳步舞等大课间活动，让学生动起来、跳起来，释放学生负面情绪，有效缓解学生心理压力。

（三）加强家校资源整合

学校将继续扎实开展"双师型导师制"活动，导师随时对学生进行学习指导和心理干预。建立校长接待日，设立校长热线和校长信箱，适时召开家长会、组织家访活动，形成"校长带头、中层示范、班主任为主体、任课教师参与"的常态化家访工作机制。

学校将积极落实本次会议精神，在持续开展教育引导工作的基础上，进一步加强安全管理，扎实构建"三防合一"的校园安全保卫体系，把学生的安全教育工作贯穿学校教育的全过程，人人抓安全，时时处处事事讲安全，确保学生在安全和谐的环境中健康成长。

（2022年在心理健康教育工作推动会议上的讲话）

第三辑　教师当有爱、有心、有为

传承文化经典，筑牢文化根基

《周易》有云："天行健，君子以自强不息；地势坤，君子以厚德载物。"这两句话的意思是说：天（即自然）的运动刚健强劲，与之相应君子处世应像天一样，力求自我进步、刚毅坚卓、发奋图强、永不停息；大地的气势厚实和顺，与之相应君子应增厚美德、容载万物。

我们射阳县高级中学自 2010 年立校以来，就十分重视文化传承与品德教育。学校校训是"崇德、尚学、唯美、求真"。其中"崇德"是我校至高无上的目标与追求。我们知道，一个国家、一个民族的强盛，总是以道德建设和文化传承为支撑的。中华民族的伟大复兴要是没有中华优秀传统品德和传统文化的继承与发展，那是难以实现的。

我们唯有慎终追远，以古鉴今，才能提醒大家在繁忙浮躁的当下，想想根，定定神，稳住脚步，找到魂。中华民族在悠久的历史中形成的独特思维方式和精神追求，很多被记载在我们的古代经典中，传承在我们的集体记忆里，是我们中华民族独特的民族心理和共同的精神标识，同时也是我们中华民族生生不息、不断发展壮大的精神根源。我们只有把民族文化的基因植根在社会大众，特别是青少年学生的头脑里，让其成为中华民族共同的基因图谱，中华民族复兴的伟大进程才会是有源之水、有本之木。

习近平总书记就是中华美好品德和传统文化的积极倡导者，他到北师大看望教师时说："我很不赞成把古代经典诗词和散文从课本中去掉，'去中国化'是很悲哀的，应该把这些经典嵌在学生脑子里，成为中华民族文化的基因。"

今天，来自南京大学中华文化研究院的名师许结教授将为我们作题为"经典阅读与人生情境"的学术讲座。许结教授曾应邀在香港大学、香港中文大学、新加坡国立大学等高校作辞赋学讲演，出版学术专著 20 余部，是我国著名的文史专家，担任中国辞赋学会会长、中国韵文学会副会长、南京大学辞赋研究所所长、洛阳辞赋研究所名誉院长，是中国民主建国会第九届中央文化委员会

委员。许教授将从涵养道德情怀、经典阅读与人生艺术境界、经典阅读的自然
情境与道德情境等方面阐释经典阅读与人生情境的关系，帮助我们回归经典、
学习经典、品味经典，领略古典文学带给我们的精神盛宴，提升我们的文化品
位。相信许教授的精彩讲座，一定能解除我校众多文史爱好者的诸多疑惑，给
大家留下深刻的印象！

（"厚德·传承'大师牵小手'名家讲座校园行"——射阳县高级中学站名
师讲座校长致辞）

天下第一好事还是读书

永远不要停止学习，经验虽然值钱，但毕竟有限，持续更新的经验才会
升值，坚持阅读是最好的途径和最有效的方法。大家都应永远保持年轻的心态，
勇于接纳新鲜事物。要力求在某一方面成为专家，做到人无我有、人有我优、
人优我精。

"书香阅美"读书活动是校长室全体人员深思熟虑后开展的一个活动，与
上级有关部门的要求相一致，与社会发展相合拍，走在了周边兄弟学校的前面，
我们准备经过几年的探索和积累，把"书香阅美"读书活动打造成校园文化建
设的一个品牌，把活动中优秀的读书心得结集出版，使之成为我们的学校又一
道靓丽的风景。首季读书活动，自 1 月 12 日启动到 4 月 12 日结束，历时 3 个
月。万事开头难，活动的开展与校长室的预期有一些出入，也在我们的意料之
中。刚刚苏雨林校长宣读了教师第二季活动方案，今天上午我翻看了团委呈交
给我的学生读书方案，和第一季相比，我们阅读的书籍质量更高，活动形式更
多样，活动内容更丰富，也更实际、更接地气。我希望在座的每一位老师都能
积极参与到活动中，各位班主任和语文老师更应积极支持，认真组织开展班级

的读书活动。

各位老师，习近平总书记曾强调：一个人遇到好老师是人生的幸运，一个学校拥有好老师是学校的光荣，一个民族源源不断涌现出一批又一批好老师则是民族的希望。教师是立教之本、兴教之源，承担着让每个孩子健康成长、办好人民满意的教育的重任。我们要强化角色意识，涵养自己的人文品行，在家要当好家长，进校要当好老师，在社会生活中做好崇德向善、乐读尚学的好公民、文化人。

教师作为文化人，要做一个合格的阅读者，守住一颗平常心，时时阅读。北宋著名文学家黄庭坚曾说："一日不读书，尘生其中；两日不读书，言语乏味；三日不读书，面目可憎。"对于我而言，读书拯救了我贫瘠的青春，它让我没有时间胡思乱想，它解脱了我内心的焦虑、恐惧、寂寞、悲哀，使胸中的积郁释然超脱，达到淡泊宁静、自信从容的状态。工作中，时常听到有人说，教师职业烦琐而枯燥，复杂而乏味，日复一日，年复一年。当老师不思考、不改进，漫长的教育生涯将变得平淡无趣，甚至充满抱怨。常反思、常改进，教学之路将充满鸟语花香、阳光灿烂。教育其实很简单，就是我们先让自己善良起来、丰富起来、健康起来、阳光起来、快乐起来，然后去感染学生、带动学生，让学生也善良、丰富、健康、阳光、快乐起来，就像《礼记·学记》中说的那样，"善歌者，使人继其声；善教者，使人继其志"。

曾国藩为官数十年，处处以学术化人、人格感人，就得益于他"首尾不懈"的读书生活。他在给弟弟写的信中谆谆告之："盖士人读书，第一要有志，第二要有识，第三要有恒。有志则断不甘为下流；有识则知学问无尽，不敢以一得自足，如河伯之观海，如井蛙之窥天，皆无识也。有恒则断无不成之事。此三者缺一不可。"读书会让你成为一个有温度、懂情趣、会思考的人。

"书香悦美"第二季读书活动已正式开始，让我们一起多读书、会读书、读好书，成为真正的文化人，让我们的高级中学成为人人向往的文化名校。

（2018 年首季"书香阅美"活动总结会上的讲话）

最是书香能致远

"书香阅美"是我校深思熟虑打造的一个活动，计划经过几年的探索和创新，将它打造成为校园文化建设的品牌，为校风优、学风正、环境美的射阳县高级中学再添一道靓丽的风景线。

记得我们开展首季"书香阅美"活动后，市县有关部门和兄弟学校也相继开始举办各种读书活动，这既可以说明阅读的重要性，也可以看出在此项工作上我们学校走在了前面。

第二季活动提交读书心得的数量和质量较第一季有了较大的提升。我们相信，随着活动的深入、时间的推移，会有更多的老师主动参与、积极参与，他们也将获得更多收益。

刚刚的颁奖仪式很热烈、很隆重，刚刚的读书分享很精彩、很美妙，我很激动、也深受感动！请允许我代表学校校长室、党总支向积极参与并在活动中取得优异成绩的同学和老师表示热烈的祝贺！向为成功举办第二季"书香阅美"读书活动付出努力的各位同学、老师表示衷心的感谢！

许书悦同学的《在白夜中行走的人生》缓缓流露出伤感悲悯的情调，告诉我们，无论遭受什么样的艰难挫折，依旧要守住自己的灵魂，向着光明世界奔跑；戴颖同学的《星辰浩瀚 沧海一粟》诉说了在平凡的世界中不断超越自身的局限，书写锦绣人生、美丽前程的故事，给我们热血沸腾的感觉。

吴杰明老师的《无情未必真豪杰，怜子如何不丈夫》令人荡气回肠；陈蕾老师的《被大火焚毁的巴黎圣母院与"永恒"》让人感受到爱的真诚；朱海娟老师的《做充满爱的老师》让人明白爱是人世间最美的语言；安德璜老师的《得民心者，得天下》让人感叹那种"九州方圆在民心"的历史厚重；崇俊老师的《你看过的书，最后都会长成你的骨头和肉》让人感觉到知识的火花在闪烁——书，饥读之以当肉，寒读之以当裘，孤寂而读之以当友朋，幽愤而读之以当金石琴瑟也；王秀花老师的《让我许个愿》、吴玉明老师的《阅微小故事，悟大千世界》、杨芹老师的《愿我心柔软而不柔弱》文风又是那么的清新别致！由于我们奖项设计的限制，人为地将大家的作品做了等级的划分，其实大家的作品都有可圈可点之处，作品里表达的思想与情感一样令人折服与感动，我这里就不再一一列举了。

歌德说过："读一本好书，就是和许多高尚的人谈话。"我想说，读你们的作品，也是和高尚的人谈话。看大家的作品，在享受与提升的同时，更多的是欣慰，欣慰我们是一个有思想、有热情的团队，是一个有智慧、有勇气的团队，是一个有爱心、有协作的团队。我为我们的团队而骄傲！

特级教师李镇西老师说："教师没有信仰，没有精神追求，他的学生就很难成为站立的人。"教育家朱永新老师说，"一个没有阅读的学校，永远不可能有真正的教育""教师读书不仅是学生读书的前提，而且是整个教育的前提"。立身以立学为先，立学以读书为本。我希望大家将读书作为一种学习方式，将读书作为一种生活方式，让我们的校园溢满书香，使我们的学生明确自己的人生方向，都能实现自己的梦想。毛姆在小说《月亮和六便士》中写道："在满地都是六便士的街上，他抬头看见了月光。"我希望我们的学生、我们的孩子能像查尔斯一样，是终其一生都在追逐星辰的人。今天，我们在这里欢聚，举行"书香阅美"总结表彰暨推进大会，就是在追逐星辰，希望我们能坚持用阅读引领自我成长，为自己的精神世界打造一片更广阔明丽的天空，在阅读中享受精神成长的愉悦。

苏联著名教育家苏霍姆林斯基说过："一所学校可以什么也没有，但只要有图书馆，就可以称之为学校。"很庆幸，我们学校拥有一座优雅宁静的图书馆，为更好地方便大家读书，我们在办公楼五楼设置了教师书吧，可能是条件简陋，也可能是书籍种类少，抑或是大家工作繁忙，或者是其他什么原因，光临书吧的老师很少，下学期，我们将进一步升级书吧，营造更舒适、更温馨的氛围。

为什么要多读书？读书，可以使人的精神更加富有，可以使人的道德更加高尚，可以使人的生命更加明亮。读书，亦是为了让你成为一个有温度、懂情趣、会思考的人。

有的书适合一目十行，大概浏览下即可；有的书则应精读细读，咬文嚼字。真正的读书，一定是精泛结合的。我建议：我们要坚持纸质阅读，老师们要多读一些教育名著，多读一些专业杂志，多读一些国学经典等。学生们首先要读遍推荐目录规定书籍，再力争进行双语阅读。另外，尽可能地做到读与写的结合，随着阅读的不断深入，书中的人、事、景、物会激起我们的共鸣，令我们产生一吐为快的强烈愿望，有时读着读着突然就会因为某一句话或一个小故事使困惑我们很久的疑难问题迎刃而解，或者使我们开始反思自己，这时候，我们要及时地将这些感悟、思考写下来。读可以助写，写能够促读；读是写之始，写是读之成。

"腹有诗书气自华"，让我们一起与经典同行，为生命阅读；有书香相伴，我们的人生一定会更加快乐和幸福。我希望第三季"书香阅美"活动能进一步营造热爱读书的浓烈氛围，让读书成为习惯，让书香浸润校园，让阅读伴随我们成长，以书激趣、以书培智、以书养性、以书育人，从而打造出我校教育亮丽的精神底色。让我们共同祝愿我校第三季"书香阅美"读书活动的圆满成功！

最后，还是想用一副对联结束今天的讲话，"几百年人家无非积善，第一等好事只是读书"，谢谢大家！

（2019第二季"书香阅美"活动总结会上的讲话）

春光美如斯，正是读书时

春光美如斯，正是读书时。今天是个特别的日子，是第 26 个"世界读书日"；今晚是个难忘的夜晚，我校第四季"书香阅美"读书活动总结表彰暨第五季"悦读阅美"读书活动的启动仪式在今晚举行，十分高兴能够和大家相聚在这里，交流阅读的收获，分享读书的快乐！

刚才，我们的学生、教师代表分别作了发言。教育局原副局长、现人社局副局长鲁声娜做了阅读写作指导，也给本季读书活动中表现突出的个人颁发了荣誉证书。至此，我校第四季"书香阅美"读书活动已经圆满落幕。我们看到，越来越多的人热情、踊跃地参与到读书活动中来。无论是在课堂上，还是在日常的生活中，我们总能看到老师和同学们手捧书卷、徜徉其中的忘我神情；无论是在安静的阅览室里，还是在幽雅的林苑间，我们总能看见老师和同学们阅读书本的动人身影。古朴典雅、现代庄重的校园中，也无时无刻不弥漫着浓郁的人文气息和深厚的文化底蕴。

"让读书成为习惯"是建设学习型社会的时代要求。著名学者、新教育的发起人朱永新先生说："阅读，让贫乏和平庸远离我们！阅读，让博学和睿智丰富我们！阅读，让历史和时间记住我们！阅读，让吾国之精魂永世传承！"建设书香校园是我校校园文化建设的一项重要内容，自 2017 年启动"书香阅美"读书活动以来，我校一直仔细谋划、精心组织，各部门积极联动、协同推进，全体教职工积极响应、认真落实，至今我校已成功举办四季"书香阅美"读书活动。读书活动的广泛开展和书香校园的全面建设，不仅促使我校全体师生将阅读当成自身的一种生活习惯，还极大地激发了我校师生的阅读热情，充实了我校师生的精神生活，丰富了我校师生的思想内涵，提升了我校师生的人文素养，孕育了我校师生的高尚情操。让每一位师生都能与书为伴，养成好读书、读好书的习惯，使每一个县高人都能从书籍中获得情感的慰藉、思想的激荡和人生的指引，是我校持续开展"书香阅美"读书活动、努力打造书香校园、凸显"润心"教育办学特色的目的所在。

小到个人，大到国家，读书都是进步的不竭源泉和永恒动力。习近平总书记多次提到读书的重要性，他曾说："历史是最好的教科书。学习党史、国史，是坚持和发展中国特色社会主义、把党和国家各项事业继续推向前进的必修课。这门功课不仅必修，而且必须修好。"学校第四季"书香阅美"读书活动已经落幕，升级版的第五季"悦读阅美"读书活动也已正式开启。今年是中国共产党建党 100 周年，因此，第五季"悦读阅美"读书活动的主题是"学党史，读经典，践初心"，旨在围绕党史学习教育主题，落实立德树人的根本任务，引导广大师生知史爱党、知史爱国，践行社会主义核心价值观，增强校园的人文底蕴，持续推进"书香校园"建设。

"诗意"并非总是在触不可及的远方，当我们在工作的间隙中、生活的闲暇里，泡上一杯清茶，捧起一卷好书，就会欣喜地发现，书中同样有着千山万水和四时风景。阅读不一定能延长生命的长度，但一定可以拓展生命的宽度和厚度。一个人是由他所读过的书造就而成的，读什么样的书，就会成为什么样的人。诚如歌德所言："读一本好书，就像是和许多高尚的人谈话。"我们身为教师，从事着太阳底下最光辉的职业，是每一位学生的思想教育者、人格引领者和精神关怀者，更应该自觉树立"终身学习"的理念，之前我也不止一次强调，"终身学习"绝不是一句理念和口号，必须成为我们教师的自觉行动，把读书作为自己精神成长和职业发展的重要途径，并从中体验教师职业的幸福感与成就感。当前新课程改革的时代背景，也要求我们由传统的经验型教师向研究型、学者型、专家型教师转变，读书正是完成这一转变的必由之路。

一个人的精神发育史，就是他的阅读史；一个民族的精神境界，取决于这个民族的阅读水平；一个没有阅读的学校，永远不可能有真正的教育；一个书香充盈的学校，才会是一个美丽的学校。我们有幸选择了教育这份职业，能够终生与书籍相伴，就让我们永葆对阅读的热爱，浸润在翰墨书香之中，用书籍去成就我们神圣的事业，圆满我们平凡的人生吧！

（2021 年第四季"书香阅美"读书活动总结表彰讲话稿）

铸师魂　蓄力远航

金风飒飒，果实累累。如果你在春天播种，夏天耕耘，那么秋天就是收获的季节。

"苟日新，日日新，又日新"，学校在不断展现新气象的同时，也赢得了来自社会、家长和学生的广泛认可和高度赞誉，从县委政府到主管局的领导多次强调，县高级中学是射阳高中教育的主力军，是射阳高中教育质量的主要增长点。

三星晋评高分通过、获教育部表彰"国防教育特色学校"、省中小学健康促进学校银奖、省普通高中化学课程基地……这些成绩的取得，是全校师生员工团结协作、共同努力的结果；是老师们竭忠尽智、砥砺奋进的结果；是大家勤奋务实、科学进取的结果，在此，我衷心地感谢各位同仁在过去一年为学校发展付出的努力和作出的贡献！我谨代表学校向各位同事致以崇高的敬意和诚挚的谢意！也请你们代表我、代表学校向一直以来关心、支持学校发展的教职工家属表示衷心的感谢！

我们在感受成功、分享喜悦的同时，也必须明白，成绩只代表过去，明年的高考是在大步向前还是原地踏步？高二年级是否能很好、很顺利地完成过渡？高一年级又能否抓住课改契机，实现跨越？需要思考的问题很多，机遇与挑战并存，要走的路还很远，当然远方的风景也一定更加美丽迷人。利用这个时间和大家分享一下我最近思考的两个问题：

一、瞄准学生的培养目标——健全完善

"培养什么人，怎样培养人"，是教育的根本问题和永恒主题。党的十七大报告指出：坚持育人为本，德育为先。党的十八大报告指出：把立德树人作为教育的根本任务，培养德智体美全面发展的社会主义建设者和接班人。这是对教育方针的完善，也是对立德树人的重新定位。党的十九大报告指出：要全面

贯彻党的教育方针，落实立德树人根本任务，发展素质教育，推进教育公平，培养德智体美全面发展的社会主义建设者和接班人。

中国学生发展核心素养，以科学性、时代性和民族性为基本原则，以培养"全面发展的人"为核心，分为文化基础、自主发展、社会参与三个方面。综合表现为人文底蕴、科学精神、学会学习、健康生活、责任担当、实践创新六大素养，具体细化为国家认同等十八个基本要点。以上内容回答的是"培养什么人，怎样培养人"的问题，把对学生德智体美全面发展的总要求和社会主义核心价值观的有关内容具体化，也是教育目标的形象化。

"多一把尺子，就多一批优秀学生"的评价理念，要求我们全力打造既紧紧围绕学生发展，又遵循学生身心发展规律的课程文化。但必须正视的是，目前我们的学生缺生气、少大气、没灵气。学生的人格必须健全，这不仅是学生发展的希望，也是学校发展的希望，更是国家发展的希望！我想我们县高的学生必须具备的品格包括：诚实守信、悦纳他人、积极向上、心怀感恩、勇于担当。

课堂是师生学习的共生体，教天地人事，育生命自觉。课堂大如天，如何实现课堂教学效果持续提高，因素很多，下面我从两个方面简单说明：

一是要矢志不渝地坚持"三二一有效课堂教学模式"。应该说，"三步两主一中心"是我校实现有效教学、高效课堂的必然选择。它是校本的也是人本的，所谓校本是说它符合我校的实际；所谓人本是说它以学生的发展为本。

我们要求坚持一定的模式，是因为模式是科学教学理念走向实践的必要媒介。一定的课堂教学模式是新教师、新学校顺利进入课堂高度的拐杖和依托，因为任何完整的课堂改革都应该包括三个重要阶段，即"入模—建模—出模"。正如有学者所言，通过"建模"，可以统一教学指导思想，规范课堂教学模式，有利于教师形成规范、有效的教学风格；明确操作步骤，有利于学生学习习惯的养成与学习能力的提升，从而减轻师生负担，提高教学的有效性。模式具有差异性，使用一种教学模式的过程同时也是其发生个性化、情景化转变的过程。模式使用的最高阶段就是在大模式下，走向教学实践的自由与创造，因地制宜地形成更具有个性化特质的"小模式"，即"入格求形似，出格神必似"。

二是要真心诚意地坚持"生本"课堂。以教师为中心、以课本为中心、以教为主的课堂称之为"师本"课堂。先"学"后"教"，"教"后再"教"，以"学"为主的课堂称之为"生本"课堂，从师本课堂走向生本课堂，是课堂的一次跨越。生本课堂中的"生"，大多指的是班级学生这个群体，即以群体学生为本，但对每一个性格迥异的个体生命关注还不够，因此，生本课堂也在不断丰富、优化、提升。

二、聚焦教师的专业发展——突破提升

我说过，我们学校的发展已经驶入快车道，怎样继续安全平稳地一直向前，或者再提速，需要我们进一步地团结，充分发挥自己的光和热，突破瓶颈。

树高千尺，必有根基；水流万里，定有源泉。普通高中教育下接义务教育，是基础教育最后的"守护者"；上承高等教育，是为明天培养合格公民、社会栋梁打好扎实基础的关键阶段。

一流的普通高中教育需要一流的师资队伍作为强力的支撑。

当下，大部分学校的教师队伍或整个教师群体是这样的，有相当一部分教师"不愿学习，不愿成长"。分析原因，一是部分教师感到平时教学工作和其他事务繁杂、任务太重，再加上家庭负担比较重，不愿再学习、再努力、再提高。这部分教师很多是中年教师，上有老下有小，而且自身也不再年轻力壮，被动应付似乎是无奈之举；二是部分教师缺乏理想和追求，他们的高级职称已经评定，已没有什么盼头，他们有时连常规教研都不愿意参加，更谈不上主动学习提升；三是部分教师认识上出现偏差，他们把教师的学习理解为只需要学好本学科专业知识，熟悉教材、掌握课标，认为教师的主要任务只是教学，教师不是理论家也难以成为教育家，教学理论研究是教育专家的事，跟自己无关。

极少数教师不思进取，拈轻怕重，怕吃苦，想入非非，企图不劳而获、少劳多获，教学实绩常负，却不以为然、无动于衷，与团结向上的主流不相符，与积极进取的集体不协调，也跟不上学校快速发展的步伐。

教书育人是教师的天职。教师的天职是教书育人，教书与育人是天然一体的，不能分开。但是可以从专业素质角度，从"学会教学"和"学会育人"两

个方面剖析。"学会教学"可以从学科素养、教育的知识方法、教学研究等方面分析；"学会育人"可以从班级指导和综合育人两个方面指导。习近平总书记 2014 年在北京师范大学座谈时指出教师"知识储备不足、视野不够，教学中必然捉襟见肘，更谈不上游刃有余"。教师要学会发展，突出强调掌握沟通合作技能、学会在学习共同体中携手进步。其实，教育不是注满一桶水，而是点燃一把火。

我们常说教师做的都是良心活。那么什么是教育良心？教育良心就是教育者应该具备的职业道德感和专业抉择能力。具体地说，是教育者对教育事业的忠诚，对教育原则的坚守，对教育对象的关爱，对教育责任的担当，对教育质量的承诺，对教育效率的追求。爱是教育的灵魂，没有爱就没有教育。我们要做到心中有爱、目中有"生"。

总之，教育是让人成为人的事业，当以培育和守护人的良心为己任。教师是特别倚重良心的职业，是最需要良心作为保障的职业。良心既是教育之根基，也是教育之灵魂。

教师要践行高尚的师德。《礼记》中有这样一句话："师也者，教之以事而喻诸德者也。"师德素养要强调知行合一，光有认知没有行动是不行的。践行师德可以分为三个层次：一是对师德规范的践行，即遵守教师职业道德规范，贯彻党的教育方针，努力成为有理想信念、有道德情操、有扎实学识、有仁爱之心的"四有"好教师；二是对教育情怀的培育，要从知、情、意、行等方面着手，增强教师职业认同感，加深教师职业情感，不断坚定从教意愿，以立德树人为己任，努力在教育实践中成长为有教育自觉、有教育情怀的好教师，努力成为学生锤炼品格、学习知识、创新思维、奉献祖国的引路人；三是对奉献精神的弘扬，奉献是中华民族的传统美德，也是全体教师共同的价值追求。泰戈尔有一句名言："我们必须奉献于生命，才能获得生命。"法拉第希望自己"像蜡烛为人照明那样，有一分热，发一分光"；陶行知用"捧着一颗心来，不带半根草去"来诠释教师的奉献精神。弘扬奉献精神是新时代的强烈呼唤，是完成教育事业历史使命的必然要求。我们县高教师更应当奉献青春、才智、辛劳和汗水，为学校转型发展注入强大动力。

教师是打造中华民族"梦之队"的筑梦人。让我们不断深化教师教育改革，大力提升教师综合素质，培养"四有"好教师，努力建设一支党和人民满意的高素质、专业化、创新型的教师队伍，为"学在射阳"品牌建设出力流汗。过去，面对困难与挑战，我们懂得了担当与责任，勇于改进，不断提升；我们学会了包容与协同，集思广益，携手并进；我们做到了传承与创新，突破藩篱，超越自我。全校师生员工无惧风雨，负重前行，续写了华丽的教育篇章。

"士不可以不弘毅，任重而道远。"正值学校跃上新一级台阶、持续发展的关键时期，请大家时刻牢记"全面发展，一起成长"的办学理念，继续内化"崇德、尚学、唯美、求真"的校训，"贯穿创新发展的主线，坚持稳中求进的总基调，狠抓落实总基点，坚持攻坚克难总要求"，突出问题导向、目标导向，全面提升教育教学质量，扩大办学影响。

各位老师，"繁霜尽是心头血，洒向千峰秋叶丹"。走进新时代，面对新课标、新高考、新任务、新要求，我们只有不忘初心，牢记使命，办好人民满意的教育，才能使我们生活得更加有保障，工作得更加有热情，生活得更加有奔头，工作得更加有尊严！让我们凝心聚力，自觉肩负起新形势下学校转型发展新的任务和使命，锐意创新、勇于作为，奋力开创学校教育教学事业新局面！

有你、有我、有大家，县高级中学明天定然更辉煌！

（2018 年在庆祝第 34 个教师节暨表彰大会上的讲话）

不忘初心树师德　砥砺前行创辉煌

教育是国之大计、党之大计。习近平总书记在 2018 年的全国教育大会上强调，全党全社会要弘扬尊师重教的社会风尚，努力提高教师政治地位、社会地位、职业地位，让广大教师享有应有的社会声望，在教书育人岗位上为党和人民事业作出新的更大的贡献。一种风尚带来万千气象，由于社会不断深化尊师重教的共识，县高教师理当营造更为被认可的师者形象，我希望每位教师倍加珍惜自己的身份、社会认同、国家重托，将"教好课、带好班、育好人"视为实现自我人生价值的坚定取向。希望每位教师保持好内心宁静、保持好人格修养，敬业奉献、传授真知、传扬美德、传递担当，让学生自信而阳光地生长。希望每位教师争做"有理想信念、有道德情操、有扎实学识、有仁爱之心"的"四有"好教师。

树高千尺，必有根基；水流万里，定有源泉。一流的普通高中教育需要一流的师资队伍作为强力的支撑。生无所息，学而不止，我们对自身的专业发展要竭尽心智。陶行知先生说："出世便是破蒙，进棺材才算毕业。"这就要求老师始终处于学习状态，站在知识发展前沿，刻苦钻研、严谨笃学，不断丰富、充实、拓展、提高自己。过去讲，给学生一碗水，教师就要有一桶水，现在看，这个要求已经不够了，教师应该要有一潭源源不断的活水。在课程改革不断深化的今天，教师要想能够超越教材，给予学生更多的处于学科前沿的新知识、新信息，就必须不断充电，用最新的教育科研成果支撑教学，提高教学水平。

在座所有人都有一个共同的身份，那就是县高人。我们都有一个共同的追求，那就是在美丽的县高校园遇见更好的自己；我们都有一个统一的教育理念，那就是崇德、尚学、唯美、求真。校盛我荣、校衰我耻，个人命运与学校发展息息相关，我们要在思想和行动上与学校同向而行，同频共振。唯有这样，学校才会发展，我们才能进步，才能享受到学校发展所带来的红利。回顾学校的发展历程，每当处于紧要关头，每当遇到爬坡过坎的关键时刻，全体师生员工都会迸发出"朝受命、夕饮冰"的事业心和"昼无为、夜难寐"的责任感，因为每位县高人都清楚，面对挑战，唯有砥砺前行；遭遇风浪，唯有风雨同舟。今天，我们全体县高人更需要守望相助、捏指成拳，以时不我待、只争朝夕的精神肩负新使命，以一以贯之、开拓进取的姿态激发新作为，早日成功创建江苏省四星级高中，从一个胜利走向另一个胜利！

去年 9 月，全国教育大会胜利召开，今年 3 月江苏省召开省教育大会，今天上午盐城市教育大会召开，戴源书记、曹路宝市长等四套领导班子都出席了会议，各县区书记、县长、分管县长、财政局局长、人社局局长、教育局局长、部分校长代表 400 多人参加了会议，会议上传来很多好消息，并印发了《市委市政府关于加快全市教育高质量发展的意见》。过去我曾说，教育的春天近了，现在应该说教育的春天已来。

最后，再次向全体教职工致以节日的良好祝愿，祝大家身体健康、工作顺利、桃李芬芳！

（2019 年在庆祝第 35 个教师节暨表彰大会上的讲话）

筑梦讲台勇担当　耕耘校园满庭芳

教育的初衷、本质和目的就是"立德树人"。立德，就是坚持德育为先，通过正面教育来引导人、激励人；树人，就是坚持以人为本，通过合适的教育来塑造人、改变人。

百年大计，教育为本；教育大计，教师为本。教师是教育发展的第一资源，建设一支高素质专业化的教师队伍，是办好教育最为重要的基础工作。习近平总书记高度重视教师队伍的建设，十八大以来，他曾多次致信教师，真情实意，流露笔端。"三寸粉笔，三尺讲台系国运；一颗丹心，一生秉烛铸民魂。"这是习近平总书记对广大教师的赞誉，更是对教师职业提出的要求与期待。总书记提出了"四有"好教师、四个"引路人"、四个"相统一"等一系列要求，为教师队伍建设指明了方向。总书记殷切希望广大教师"学为人师，行为世范，做学生健康成长的指导者和引路人"，"努力做教育改革的奋进者、教育扶贫的先行者、学生成长的引导者"。

我们要深入学习习近平总书记关于教育特别是教师工作的重要论述，认真领会《习近平总书记教育重要论述讲义》的精髓要义，激发内生动力，坚守立德树人使命，努力把学生培养成德智体美劳全面发展的社会主义建设者和接班人。杏坛耕耘结硕果，凝心聚力启新程。在新课程、新教材、新高考这个新的发展起点上，在加快推进学校晋升成为江苏省四星级普通高中的关键时期，在庆祝第 36 个教师节这个特殊的日子里，我也想分享三点心得与老师们共勉：

第一，涵养一种静气，做简单纯粹的好教师。我们经常用"静待花开"比喻教育中学会等待的过程，而做教师，也需要一份静气，一种"非淡泊无以明志，非宁静无以致远"的博大胸襟。这让我们可以静心安神，踏实教书。静心，是一种涵养、一种领悟、一种能力；心静，是一种境界、一种修养、一种气度。我们常说"教师是个良心活"。这个良心就源于无私的爱，出自安静的心。

要涵养静气，就要简单、纯粹，避免急功近利，被尘嚣中的俗气所扰。简单不是缺乏思考与原则，也不是肤浅与逃避，简单其实蕴含着大智慧。简单就是坚持，不被复杂的人和事迷惑、干扰，怀着一颗赤诚之心坚持、努力。简单就是豁达，对周围的人和事持有宽容之心，使自己和他人能在一个相对宽松的环境中，全身心地投入工作中，享受专业成长的快乐。

第二，增强一份底气，做持久专注的好教师。教师是专业技术人员，专业技术人员的底气源于自身的专业水平。那么教师该如何增强自身的底气？从新进教师到教坛新秀，从青年骨干到名师专家，一步一个台阶，一步一个脚印。每一个脚印，都是一种提升；每一个台阶，都是一种质变。要在教育教学中有所成就，就必须有持久的自律，持续的努力。除了持久，还必须专注于目标，不能今天想学这个，明天想弄那个，三心二意，最终一事无成。持续专注，有时意味着枯燥乏味、机械重复、痛苦挫折。但只有挺过去，才能实现从量变到质变的飞跃。

老师们，安心治学、专注做事是一种最佳的工作状态，如果我们以兴趣引路，专注一心，深入探索教育教学规律，持续提升专业素养，我们就会成为学生喜爱的好老师；一群好老师，志趣相投、共研共进，我们就会成就彼此的教育人生；全校一心，勇于探索、团结互助，我们就能实现教育理想。

第三，保持一股锐气，做积极向上的好教师。每个职业做久了，难免会产生倦怠感，教师也不例外。要克服职业倦怠，就要保持一股锐气。我们可以安于平凡，但尽量不要甘于平庸，要勇当教育改革创新的弄潮儿，永远积极向上。

过去人们普遍认为，"千金在手不如一技傍身"，拿着毕业文凭这块敲门砖，就可以端上"金饭碗"，一劳永逸、一帆风顺。在当下教育信息化、大数据时代、人工智能时代对教师提出了新的更高的要求。我们要主动学习、持续学习、终身学习，不断深化实践探究、综合比较、跨界融合，敢于博采众长、自我否定、变革升华。只有这样，才能常驻教育教学的青春，永葆与时俱进的锐气。

亲爱的老师们！我们身上凝聚着社会的重托、家长的厚望、学生的期待。让我们以坚如磐石的信心、只争朝夕的劲头、坚韧不拔的毅力，愉快工作、幸福生活、爱校爱家、爱生爱己。让我们富有活力，拥有魅力，奋力拼搏，再创属于我们的骄傲与荣光，做孩子们心灵夜空中"最亮的星"！

（2020年第36个教师节暨表彰大会上的讲话）

我们拥有同一个名字——教师

教育大计，教师为本。教师是立教之本、兴教之源。兴国必重教，重教必尊师。"为党育人，为国育才"是我们的神圣使命！用这种方式来庆祝属于我们自己的节日，十分有意义。

2020—2021学年，我校"崇德·尚学"好教师团队喜获省重点培育；"励志百年名校，浇筑青春梦想"社会实践活动获得省级大奖；学校成功成为盐城市平安校园、盐城市智慧校园、射阳县文明校园；学校被表彰为盐城市市教学质量先进集体，荣获全县高中唯一的教育质量先进奖；多名老师在国家、省、市层面获奖或受表彰。蔡文礼主任和化学组杨毅旭老师，他们分别代表盐城市参加江苏省班主任基本功大赛和化学学科青年教师基本功大赛并荣获大奖，此外还有崇俊、朱红兵、薛龙、王峻峰、蒋励等一大批老师喜获市大赛一等奖或市级表彰。其中，崇俊老师还参加了全市班主任基本功大赛，荣获一等奖，这学期他还将作为盐城市高中组的唯一代表参加全省的班主任基本功大赛。李海峰主任指导学生获国家级一等奖，所获荣誉数量之多、奖项之高远超往年。

2020 年，本人顺利通过正高职称评审；经过笔试、面试、政审等程序，成功入选盐城市名校长培养工程首期培训班，2021 年 5 月荣获盐城市五一劳动奖章，在此感谢大家的支持，谢谢！

2020—2021 学年，我们成功举办了一系列规模大、层次高的活动：好教师团队不断前行，部分骨干教师分别和盐城中学开展联合研修活动，远赴南通如皋市等地与众多名校互动、深入交流；盐城师范学院、盐城市教师发展学院等多位领导专家莅临我校发表讲话。我们还举办了全省教学开放日、送教下乡、化学新教材培训会、全国新教育化学书目审核会、《青年文摘》编辑读书分享会等大型活动。更为可贵的是，苏士澍先生等众多国学大师莅临我校讲学，中央电视台全程录制并进行专题报道，这些活动的举办提升了我校的办学品位，扩大了我校的办学影响力。

2020 年，我们策划编辑出版了《风华》一书，以特别的方式纪念建校十周年，反响强烈，好评如潮。

这一学年，我校及我校教师，在省市级教育和教学的舞台上，闪现着万众瞩目的风采，可圈可点的还有很多，当然，工作中也还存在着一些不足：教研不够深入精准，导师制工作需继续深化，课堂效益还有待提高等。

老师们，成绩令人鼓舞，未来任重而道远！

习近平总书记说："一个人遇到好老师是人生的幸运，一个学校拥有好老师是学校的光荣，一个民族源源不断涌现出一批又一批好老师则是民族的希望。"是的，"善之本在教，教之本在师。"有好的教师，才有好的学校。学校始终把教师队伍建设作为学校发展最重要的基础工作来抓，我们着力打造一支师德高尚、业务精湛、结构合理、充满活力的教师队伍。长期以来，我校秉承"崇德、尚学、唯美、求真"的校训，弘扬"求实、求是、求全"的校风，改革创新，接力推动学校不断向前发展。

学校的每一步发展，都倾注了在座各位的心血；每一点成绩，都凝聚了在座各位的智慧。正是每一位教职工的辛勤耕耘、默默奉献，学校才能信心满满地站在高质量发展的新起点上。

几年来，我们学校成为射阳高中教育的中坚力量，在盐城市也有了一定的位置，社会的认可度、美誉度越来越高。我们学校环境更美了，风气更正了，人心更齐了，精神更足了！

看着台下最可爱、最可敬的你们，我不禁感慨万千！美丽的县高校园中，总是可以看见你们辛勤忙碌的身影。这些辛勤忙碌的身影中，有担当实干、砥砺奋进的中层干部；有敬业乐群、诲人不倦的一线教师；有兢兢业业、忠于职守的后勤人员。这些辛勤忙碌的身影中，有的风华正茂、意气风发；有的正值壮年、年富力强；有的霜染两鬓、初心不改。这些辛勤忙碌的身影中，有的人教育工作实绩突出，有的人教科研成果喜人，有的人社团指导兢兢业业，有的人防疫工作尽心尽力……这些辛勤忙碌的身影中，有踏实工作者，有积极向上者，有谦虚好学者，有勇于创新者，有敢于实践者……这些辛勤忙碌的身影中，有春风化雨的园丁，有学习强国的达人……你们是我校广大教职工中的杰出代表，你们在平凡的岗位上创造了不平凡的成绩，你们恪尽职守的敬业精神、为人师表的高尚品德、精湛高超的教学艺术，值得全体教职工学习。

今天，我们要表彰的就是这些老师，希望这些受到表彰的同志能珍惜荣誉、再接再厉，为我校的发展再谱新篇、再立新功！我提议，在这个特别的日子里，让我们一起把最热烈的掌声送给这群优秀的教职工代表，同时也送给勤恳尽责、坚守初心的自己！

县高学子遇见你们是幸运的，高级中学拥有你们是幸福的！正因为有你们，同学们才有了振翅高飞、搏击长空的可能；正因为有你们，学校才有了蒸蒸日上、日新月异的发展！

"三寸粉笔，三尺讲台系国运；一颗丹心，一生秉烛铸民魂。"教师承载着传播知识、传播思想、传播真理，塑造灵魂、塑造生命、塑造新人的时代重任。虽然我们都是最平凡的普通人，但却都有幸从事教师这个太阳底下最光辉的职业，投身教育这份关系到国家和民族命运的事业！身为教育工作者，我们每个人都应正确认识自身肩负的国家使命和社会责任，以坚定的教育信仰，在平凡的岗位上干出不平凡的事业，不辜负国家和人民的重托！

希望我们每一位同仁都能继续在高级中学这片沃土上，挥洒自己的真诚与热爱，收获自己的成功与感动！或许我们并不能在茫茫的历史长河中留下自己的名字，但我们为教育事业付出的所有努力与汗水，都将牢牢地留存于我们学生的生命和记忆中，伴随他们终身的发展与成长！

老师们、同志们！展望未来，学校正站在新的起点上，我们要紧紧围绕学校建设发展目标，学校各职能部门要以更加务实的作风、更加扎实的举措，为全体教师的发展和事业追求，创造更加优越的制度环境、工作环境和生活环境，让更多学生喜爱、家长认可的好教师、教学名师脱颖而出。

我们大家都要更愉快地工作，更幸福地生活。

（2021年第37个教师节暨表彰大会上的讲话）

当好引路人，争做"大先生"

飞花九月景色好，桃李五湖皆芬芳。在这丹桂飘香的季节里，我们迎来了第38个教师节——这个属于我们自己的节日。今晚我们特别邀请了部分家长代表，我提议大家以热烈的掌声对他们的到来表示欢迎！请允许我代表学校向一直以来关心支持县高发展的家长朋友和社会各界表示衷心的感谢！向潜心笃志勤耕耘、呕心沥血育桃李，把教育作为自己毕生追求，将爱与青春毫无保留地奉献给教育事业的各位老师致以崇高的敬意和诚挚的问候——老师，您辛苦了！

为了共同的教育初心、责任担当，我们县高人用心、用情工作。怀揣共同的教育梦想，正是因为我们的坚信、坚持、坚守，射阳县高级中学才能在"敢为""善为"中书写"有为"的精彩人生，才能实现教育工作的全面创新和教学实绩的稳步提升，才能续写坚守与创新、传承与奋斗的新篇章，成为唱响"学在射阳"品牌的重要力量！

2021—2022 学年，全体县高人以坚如磐石的信心、只争朝夕的劲头、坚韧不拔的毅力，在逐梦的道路上奋楫破浪，坚毅前行！学校喜获"盐城市教育工作先进集体""盐城市文明校园""盐城市学校安全工作先进集体""盐城市毒品预防教育示范学校"等十多项荣誉，还荣膺"语文教师专业化发展工程基地校"这一国家级表彰，更有多名教师在教育教学领域取得累累硕果，获得省、市、县层面的奖项和表彰。我本人获评第二批"苏教名家"，是盐城市高中学段的第一人，成勇校长被评为"盐城市优秀教育工作者"，廖凤菊、朱洪兵、蔡文礼 3 位所带的班级被评为"盐城市先进班集体"，李秀莲被评为"盐城市教育系统优秀党务工作者"，石建春被评为"盐城市优秀共青团干部"，雪林校长、施成兵、陈平等被评为"县优秀教育工作者"，廖凤菊被评为射阳县首届名班主任，崇俊作为盐城市中学语文组唯一特等奖获得者参加江苏省青年教师教学竞赛、作为盐城市高中组一等奖第一名参加江苏省班主任基本功大赛均获省二等奖，丁玲玲、蒋为娟、宁陈陈、郝雨、吉丽丽、蒋励等一大批老师在市县优质课、基本功及其他业务技能竞赛中获奖。

李海峰和李银龙老师指导学生在 2022 年"领航杯"江苏省中小学生信息素养提升实践活动中获得省一等奖，其中顾允恒同学是"数字创作项目"全县唯一的一等奖获得者，目前顾同学正在积极备战全国信息素养比赛；刘丹琳老师指导的王思涵同学在第十九届"叶圣陶杯"全国中学生新作文大赛中获全国一等奖，王秀花、刘巧云、陆海燕等二十余位老师指导学生获省一等奖。此外，还有许多老师在其他各级、各类活动中获奖或受表彰，2021—2022 学年所获荣誉数量之多、范围之广、奖项之高都远超以往。

上个学期中，两次突如其来的新冠肺炎疫情让我们的鹤乡小城按下了暂停键，也对高三同学紧张的复习备考产生了不可避免的冲击。然而，面对如此严峻的形势，我校 2022 届高三学生在全体高三教师的共同努力下，高考达特殊线 55 人、达本科线 501 人、小专业双达线 50 人，各项数据再创新高，大幅超越区域内兄弟学校，在全市 54 所普通高中中（除县中外）居于前列。县委县政府主要领导也在多个场合对我校的育人成效和办学水平给予高度赞扬，我校的教育教学实绩更是受到了社会各界的广泛称赞。

成绩都是奋斗出来的，县高的一切成绩，都是全体同仁殚精竭虑、拼搏奉献的结果，是大家十二年如一日，用热情和智慧精心编制的教育发展宏图。学生成长、学校发展的每一步，都离不开在座每一位老师的无私奉献和默默付出！正是由于你们，射阳县高级中学的学子们才能在成长成才的道路上披荆斩棘、乘风破浪；也正是由于你们，射阳县高级中学才能在发展提升的过程中捷报频传、蒸蒸日上！

习近平总书记在全国教育大会上指出，"教师是人类灵魂的工程师，是人类文明的传承者，承载着传播知识、传播思想、传播真理，塑造灵魂、塑造生命、塑造新人的时代重任。""教师要成为大先生，做学生为学、为事、为人的示范，促进学生成长为全面发展的人。"广大教师不仅要做知识的传播者，也要做人生的引路人，做社会文明的传承者，做道德规范的示范者。

长期以来，党和国家都高度关心教师的发展，努力改善教师的工作、学习、生活条件，积极维护教师权益，竭尽所能地让我们安心从教、热心从教、舒心从教、静心从教，让我们在岗位上有幸福感、事业上有成就感、社会上有荣誉感，让我们成为最受社会尊重和令人羡慕的职业。在优秀人才竞相从教、广大教师尽展其才、优秀教师不断涌现的良好局面下，我们全体县高人都自觉把自己宝贵的青春乃至生命熔铸于"为党育人、为国育才"的伟大事业之中，在一支粉笔、两袖清风、三尺讲台、四季晴雨中躬耕时光、培育希望。

教育是依靠"人"来塑造"人"的事业，教师要将学生培养成具备独立思想、自由精神、健康体魄，有大爱、大德、大情怀的"大写的人"，自己首先要成为在人格、品德、学业上能够为人表率的"大先生"。特级教师窦桂梅校长说，教师应该是一个不断获得知识与社会经验的人；一个能完成多项令人振奋的任务的人；一个富有创造精神的人；一个随时能从经验和教训中学习的人；一个从人品到才干都受到尊敬的人。

站在"两个一百年"的历史交汇点上，身处时代洪流中，我们或许会因知识的商品化倾向而深感焦虑，或许会因社会对教育的某些认知偏差而饱受困扰，或许会因理想与现实的巨大落差而倍觉失落……但请大家相信，我们辛勤的汗水，必将长久地滋养生命的成长；我们今日播下的种子，必定会在将来的某一天绚丽地绽放！让我们将此生化作雨露，携手在射阳县高级中学这片充满希望的教育沃土上挥洒自己的真诚与热爱，收获自己的幸福与成功！或许我们终其一生都是平凡的普通人，但我们为教育事业付出的所有努力与汗水，都将牢牢地留存于我们学生的生命和记忆中，伴随他们终身的发展与成长！

潮头登高再击桨，无边胜景在前头。2022 年既是新时代新征程中具有特殊重要意义的一年，也将是我校发展历史上具有里程碑意义的一年。我衷心希望全体县高人以更加务实的作风、更加昂扬的斗志履职尽责。希望每一位县高人不忘初心，勠力同心，锐意进取，共同谱写县高蓬勃发展的新篇章！我相信，我们一定会赋予教师这份职业无限的荣光，也一定能让春夏秋冬铭刻我们奉献的功绩，让日月星辰展现我们灿烂的笑容。

（2022 年第 38 个教师节暨表彰大会上的讲话）

四十载同窗聚首，忆往昔岁月峥嵘

秋高气爽，艳阳高照。江苏省射阳中学 78 届校友荣访母校，畅叙友情，同忆师恩，共谋发展。借此机会，请允许我代表射阳县高级中学全体师生，向在百忙之中专程回访母校的各位校友表示最热烈的欢迎、最诚挚的问候和最美好的祝愿！

各位校友，射阳县高级中学创办于 2010 年 8 月，是享受四星高中招生政策的公办全日制普通高级中学，因县城布局调整，回迁到这个校园办学，射阳中学校区厚重文化的熏陶与滋养是我们得天独厚的办学优势。

学校现有三个年级 54 个班级，学生 2800 多人，教职工 218 人。学校办学以来，我们传承了射中"风雨同舟的协作精神，忠于职守的敬业精神，淡泊名利的奉献精神，问鼎一流的进取精神"，已经步入了良性发展的快车道。2017 年，学校成功创建成为江苏省三星级高中。"十三五"期间，学校将努力创建成为江苏省四星级高中。

学校先后被评为射阳县文明单位、盐城市中小学德育工作先进集体、盐城市 A 级食堂、江苏省青少年科技教育先进学校、江苏省现代教育技术应用先进单位、江苏省平安校园、江苏省健康教育促进学校银奖学校、教育部表彰的国防教育特色学校等 30 多项荣誉。2018 年 5 月，我校被确定为"江苏省普通高中化学课程基地"。江苏教育电视台、新浪网站等多家媒体对我校取得的办学成绩多次进行过专题报道。

风雨沧桑四十载，春华秋实射中人。大家从这个校园走了出去，奔赴更为广阔的舞台，在各自的工作事业中，继续发扬当年勤奋刻苦、淳朴厚道的精神风貌，或默默奉献，或成绩斐然，彼此相念，遥相祝贺，情浓于水。母校的档案史中，永远珍藏着 78 届校友的学习生活画卷和砺志求学场景。母校无时无刻不在牵挂着各位校友，校友取得的每一次进步，我们都会收获欣慰与感动；校友取得的每一份成就，我们都会感到自豪与荣耀！

昨天你们以母校为荣耀，今天母校因你们而骄傲。我校师生一直以广大校友为骄傲，以你们为榜样，勤教苦学，不断进取。近几年来，学校高考连创佳绩：2017 年我校学生被二本以上院校录取的人数达 596 名，2018 年考入二本以上院校的学生达 621 名，上线率达到 71.67％。

在此，我衷心地希望各位校友能够一如既往地关心、关爱、关注母校的发展，为母校的建设添砖加瓦，为母校的发展建言献策！今后，我们将积极与各位校友联络感情，聚合资源，凝聚力量，使母校与校友无论是在感情上，还是在事业上，都联系得更加紧密，互动得更加和谐。学校全体教职工将不辜负广大校友的厚望和重托，团结进取，励精图治，继续深化内涵建设，强化办学特色，不断提升办学水平，努力办好让射阳人民和校友满意的射阳县高级中学。

母校是校友永远的家园，校友是母校永远的名片。无论相隔多久，我们的母校情、师生情、同窗情，永远常青！参天大树必有其根，滔滔江水必有其源。欢迎各位校友常回母校看看！

最后，我祝愿大家身体健康，阖家欢乐，万事如意！

（2018 年 78 届校友回访母校见面会上的讲话）

第四辑　把教育日常过成想要的模样

齐心协力谋发展，攻坚克难攀新高

今天是元宵节，按照习俗新年还没彻底结束。新春佳节，今天我就跟大家聊聊家长里短，说四句话。

第一句话：智山慧海传真火，愿随前薪作后薪。

县委决定，组织任命我主持县高级中学全面工作，消息传出后，有好多人问我会不会"新官上任三把火"，我说"不会"，其实也不需要，在一个学校，大家都是同事，只是分工不同，我只是觉得自己责任更大、担子更重。高级中学自创办以来，在戴校长和刘校长的带领下，在各位同仁的努力下，逐步确立了学校的大政方针、规章制度，取得了比较好的办学成绩，学校文化也已初步形成，我要做的就是顺制而为，各项政策措施、管理制度、考核条例等全部传承沿用，始终坚持"为学生健康成长、终身发展奠定基础，为教师愉快工作、幸福生活搭建平台"的方向，确保学校的各项工作稳步推进，努力实现"让教师自豪、让学生骄傲、让家长放心、让社会称道"的"四让"办学宗旨。

学校是教书育人的地方，但当前社会太急功近利，往往只教书不育人，或者重教书轻育人。如果问我们是要选择应试教育还是素质教育，答案肯定是素质教育，但也有人戏称，应试能力是学生应具备的一项很重要的素质，简单地说，分数很重要，但肯定不是最重要的，江苏省天一中学校长沈茂德讲过一句话：没有分数过不了今天，只有分数走不到明天。

教师，特别是班主任，职业特点就是工作没有上下班之分，回到家中，心里还想着自己的学生，牵挂着自己的班级。毫不夸张地讲，我出差回来，大多是直接到学校，真的放心不下。多次参观学习，我发现像南京、苏州等地的老师，大多都做到了这一点。等体育馆、操场维修好后，大家可以在工作之余去打打球、跑跑步。可能的话，我们可以考虑再增加一些项目，满足我们老师运动健身的需要。

第二句话：走进一个门，就是一家人。

　　我希望所有同仁做好本职工作，搞好同事关系。虽然中国的教育问题，教育的中国问题有很多，我跟好多教师一样，身为教育人，有时也在一边发牢骚一边工作，但我想提醒大家，许多问题是历史性的，形成有其复杂的原因，解决需要时间和条件，我们应该看到很多方面正向着好的方向转变。2017年全国教育工作会议工作报告，从六大方面、二十个细分类目阐述了新一年里教育部将为教师做的实事，其中，"强化教师待遇保障，努力提升教师社会地位"再次被重点列出。

　　"在其位谋其政，任其职尽其责"，如果我不为学校的发展考虑，没有坚持"为学生健康成长、终身发展奠定基础，为教师愉快工作、幸福生活搭建平台"，或者过程中有放松、懈怠的现象，请大家及时提醒！我们学校的每位干部、每位班主任、每位老师、每位员工都要做好自己的本职工作。只有每个人耕好自己的一亩三分地，大家齐心协力，单位才能稳定、高效地发展，我们大家一起划桨，县高这艘大船才能乘风破浪，直济沧海。

　　我们学校有教职工226人，学生2885人，是个比较大的单位，也是一个小社会，要想做出成绩，需要协调好和领导、同事、学生、家庭等方方面面的关系。同事之间多些理解，多点包容，与人为善，互相帮助，和谐相处。"德不孤，必有邻"，大家在一起共事，待人处事一定要诚实，不耍滑头，不耍小聪明。路遥知马力，日久见人心。我们可以借鉴特级教师于漪处理与他人的关系时使用的"两把尺子"，一把用来量别人的长处，一把用来量自己的短处。我们大家要常怀感恩之心，常惜同事之情，常念相助之人！

　　在我们学校，老中青教师都有，老同志有老同志的长处，年轻人有年轻人的优势，万万不可以互相轻视，应该相互学习、相互促进、共同进步，能多干一点就多干一点，总有人会记得你的好。学校正处在发展过程中，肯定存在某些不足，也无法尽善尽美。我希望我们的老师关门较真，走出校门叫好，大家每个人都是县高级中学的形象的代言人。

　　学校不是风景名胜区，而是我们大多数人一生的根据地，需要我们在座的每一位沉下心来干好工作，得意不忘形，失意不失态，沉得住气，弯得下腰，抬得起头。

第三句话：积极的心态，平和的情绪。

我想大家对工作、对生活都能持有积极的态度，而不是过分在意结果如何，这就是所谓的"世事我曾抗争，成败不必在我"。就如评职称，现在名额非常少，竞争比较激烈，有少部分教师因为看不到希望而不努力，这肯定是不对的，我曾在不同的场合说过，无论竞争是多么激烈，在平时的工作中，我们都应该对照评审条件去准备材料、自我提升，也许有一天政策放宽，就能成功晋升了。千万不要出现机会在眼前，却因自身原因而错失参评机会。学校是我们赢得社会尊重的平台，离开学校我们什么都不是，至少我是这样的，充其量，只能上几节化学课。我希望我们在座的每一个人要珍惜工作机会，积极向上，奋发有为，进一步增强主人翁意识，真正做到把学校的事情当作自己的事情。工作过程中，不把自己的工作推给别人，除非你的能力有限，不能胜任。在学校交给你的任务面前，你要有足够的自信，相信自己的能力，不要随便寻找托辞，相信挑战和机遇并存，菜刀不快石头打磨。在我们这个学校里，在校园升级改造、创星晋星的过程中，可能会有许多临时性的任务交给你，有些事情可能是你从来没做过的，你说自己做不来，虽然可能也是事实，但可以把重任接过来，干着再说，遇到问题找人请教商量，失败了从头再来。吃一堑、长一智，可以在实践中不断锻炼自己。任务完成了，学校收获任务的结果，而你却收获了勇气、毅力、能力与对待困难的态度，这就是很好的成长。

我们的学生来自不同的家庭，正因为这样，教师的劳动就和社会紧密联系着。在现实情况下，社会看教师，许多时候仍然看重的是你教的学生的考试分数，分数出了问题，人家就说这个老师不会教。事实上，我们学校的老师真的都比较优秀，但社会评价方式短时间内难以改变。因此，请大家一定要竭尽全力把学生的考试成绩提高上来，同时，也需尽可能地保留着自己对教育理想的追求。其实，我们中的大部分人一直行走在理想与现实的边缘上。

教学是门艺术，追求永无止境。我们只有在教室里勤奋躬耕，才能结出丰硕的教学之果，才能开出艳丽的育人之花。记得唐书记发在学校微信群中分享的一篇文章《你都在混，孩子凭什么拼？》，文章不长，道理也非常简单，大意就是父母应积极向上做孩子的榜样，孩子才可以更好地成长。我想这同样适用于我们教师与学生的关系，言传身教，身教重于言传。苏霍姆林斯基说过，教育的全部奥秘也就是在于爱护学生。陶行知先生也说过，教育首先要理解学生，尊重学生。如果老师整日绷着脸进出教室，学生的表现稍不遂心意，就斥责学生半天，弄得满心怒气，伤害自己也伤害了学生，希望我们的老师胸怀善良和爱意，尽可能多点关爱给学生，你的笑容温暖学生，你的语言鼓舞人心，你的一言一行、一举一动，学生都会记在心里，表现在行动中，师生之间其乐融融，岂不妙哉？

第四句话：行者常至，为者常成。

我希望我们的老师有点梦想，有长远的人生规划，多点当骨干教师的想法和追求。名师不是评出来的，也不完全是领导培养出来的，更不是靠培训班培训出来的，而是在一线摔打，自己追求、自我奋斗出来的。这就要求我们要做好自我规划，并持之以恒地努力，做学校的名师、做射阳的名师、做盐城的名师，直至冲出江苏。这些目标看似很大，但并非高不可攀，千里之行，始于足下。行者常至，为者常成，将大目标分解成若干小目标，拿出滴水穿石的精神来，努力达成每一个小目标，始终走在路上，大目标也就慢慢靠近我们了。我们很难做到每一节课都准备得非常充分，上得那样完美，但一星期设计好一堂课，上一堂自己认为出彩的课，和班上学生谈一次话；半个月或一个月做一次家访，读几十页专业书，写一篇反思或经验总结之类的教研文章；一学年比较成功地转化几名后进生，管理好一个班，还是能做到的。

老师们！天道酬勤，付出终有回报！愿我们大家团结一致，携手共进！只要我们心往一处想，劲往一处使，县高的明天一定会更好！

（2017 年春学期全体教职工会议上的讲话）

127

不忘初心勇向前，立足本职敢担当

2017 年春学期，我们除了要继续搞好教育教学工作，继续做好各自的常规工作，另有高二年级学业水平测试考试、2017 届高三学生高考、中考招生宣传、录取等数件大事，还要完成校园升级改造、星级创建等重要工作，以及教育主管部门和学校的各项临时性、突击性任务，可以说是事情多、任务重、压力大。为此，我想提几点意见和看法，与大家共勉。

第一，安全第一，重如泰山。

安全问题关系到千家万户，安全工作必须时时讲、处处讲，做到人人抓安全、事事有安全。过去的时间里，我们始终坚持"预防为主、防治结合"的原则，加大安全教育力度，增强学生的安全意识和自我防护能力，能正常开展应急疏散演练。学校上下齐抓共管，切实保障了师生人身安全和财产不受损失，维护学校正常的教育、教学秩序，校园安全工作取得了很好的成绩，为学校的发展创造了良好的环境，也得到了上级主管部门的肯定。当下，校园改造升级正在进行，校园内有好几处工地，使得学校的安全工作的压力变得更大了，我们必须要坚持不懈，始终如一地抓实安全工作，切实增强全体教职工"学校安全无小事"的意识，进一步落实"属地管理"与"条块管理"相结合的措施。只有不出任何安全问题，学校秩序稳定、正常，教师才能一心一意地抓好教育教学。因此，我希望大家继续做好安全工作，明确目标责任，继续把学校安全工作做实做细做到位，强化宣传教育，强化措施落实，严格内部管理，使"安全第一，预防为主"的观念在师生心中扎根，做到防患于未然，推动安全工作再上新台阶，确保万无一失。

针对校园升级改造的实际情况，政教处在开学初的全体教职工会议上必须专门讲，强化教职工安全意识，让教职工为学生作好安全教育工作，学生到校后再召开广播大会强调。

第二，不忘初心，继续前行。

各位干部基本都是通过自我推荐、民意测评、会办研究等程序走上中层岗位的。在过去的工作中，你们在各自的岗位上发挥了不可磨灭的作用，推动着高级中学的发展。当然，过程中可能会暴露出一些小问题，譬如，极个别同志偶尔有些懈怠，在具体某项工作中，与部门间协同配合不够默契。这些我们校长都看在眼里，其他老师也看在眼里，功也好，过也罢，都已经成为过去。我希望大家在新的一年里进一步增强角色意识、讲大局、勇于担当，你们是学校的中层干部，是老师言行举止的榜样，说话做事包括发朋友圈都要传递正能量、弘扬主旋律。在困难、矛盾和问题面前，时刻不忘自己是个干部，踏实做人、公道做事，不松懈，切实发挥带头作用、示范作用，表明自己是有能力、有气魄、有担当的中层干部。

各位干部如果能真正做到身体力行、率先垂范，所有工作都能做到带着教师干、推着教师办、为教师做示范，我想各项工作一定会得以高效落实。如果我本人出现懈怠，也请各位及时提醒。

第三，立足本职，勇于担当。

课堂是教学的主阵地，三尺讲台是我们施展才华的舞台，学生考试分数是社会评价教师教学能力的主要标准。虽然这有失公正，但这就是中国的教育问题，或者说是教育的中国问题，我们只有坦然接受并好好适应，希望大家在理想与现实之间找到平衡点。在座各位应是各自学科中的佼佼者，教学能力毋庸置疑，我希望大家能够协调好教学与管理两者之间的关系。教学方面，分数低于平行班可以，但最好不能大幅低于或长期低于平行班，如果经常考不好，会让老师们怀疑你的教学能力，进而怀疑你的工作能力，降低你的威信；你又是干部，负责或分管的工作假如不认真、做不好，大家也会以为你力不能及、不能胜任，家长们也会有所议论。我希望大家在新的一年里，在新的教育形势下积极更新教育观念，提高业务水平，努力打造高效课堂，认真批改作业，辅导学生，创造和谐的师生关系，继续保持学科领头羊的地位，积极参加学校内外各种类型的教科研活动，保质保量地参加集体备课，发挥自己在学科内的影响，对学科组的建设负责，努力成为教学实绩突出、管理实效明显的中层干部。

第四，齐心协力，攻坚克难。

著名的木桶原理表明，决定水桶盛水量多少的关键因素是最短的那块木板。

但是，如果各块木板之间结合得不够紧密，即使所有木板都很长，这个水桶也将无法装水。同样，一个单位，如果部门之间、员工之间没有团结协作的精神，那么，将会影响单位的发展壮大。我个人认为，团结协作是所有事业成功的基础，个人和集体，只有依靠团结的力量，才会产生 1+1>2 的效果。没有完美的个人，只有完美的团体，我们在同一个单位工作，每个人的工作，都有独立性，又都与全局相关联，如果只顾自己，不顾他人，不肯与他人协作，势必会影响单位的战斗力和整体形象。一根筷子可以被轻易折断，十根筷子便难以被折断，希望大家讲大局、讲协作、讲团结。我们需要的是撸起袖子一起加油干。

当下，我们学校处在艰难时期，或者说恰逢学校发展的关键时期，既要做好教学工作、提高教学实绩、提高学校实力，又要完成校园升级改造、星级创建等各项工作。时间紧、任务重，这需要我们每个人多点奉献精神，协调好同事关系，相互之间多点包容，互相帮助，和谐相处，诚实待人处事，不要滑头，不要小聪明，大家齐心协力，才能带动教师共同努力，学校才会进一步发展，我们也才能进一步提高。

各位干部！我们学校的干部数量不足，大家工作量都比较大，很辛苦，请大家继续好好努力，积极而为，立足三尺讲台，干好本职工作，始终坚持"为学生健康成长、终身发展奠定基础，为教师愉快工作、幸福生活搭建平台"，确保学校的各项工作有板有眼、红红火火，努力实现"四让"办学宗旨，为学校的发展作出应有的贡献。

今天会议的召开，意味着新学期、新征程的开启，愿大家"收心、聚力、加油干"！继续携手为学校的建设和发展贡献各自的智慧和力量！

（2017 年春学期全体中层以上干部会议上的讲话）

守正出新谋发展，锐意进取谱新篇

上午，教务处周主任对上学期期末考试进行了质量分析，唐主任和大家一起学习了《盐城市中小学"让学引思"课堂教学规范》。新学年伊始，安排这样的暑期集训程序，就是在向我们传递一个强烈的信号：质量是学校的生命线，学校所有工作都要以教学为中心，质量至上，质量立校。根据集训安排，要我做个讲话。我的讲话分三部分，用三句话概括就是：回顾过去，各项工作稳步推进；把握当前，信心百倍迎接挑战；展望未来，学校发展任重道远。

一、回顾过去，各项工作稳步推进

在过去的一年里，我们高级中学全体师生在县委政府的领导下，在教育局的指导和社会各界的支持下，在"全面发展，一起成长"的理念（内涵理解）指引下，坚持"为学生健康成长、终身发展奠定基础，为教师愉快工作、幸福生活搭建平台，为地方教育提升、经济增长贡献力量"，全体同仁负重前进，锐意进取，各项工作稳步推进。主要有以下四大成绩：

（一）构建安全工作网络，打造平安和谐校园

"安全无小事，责任重于山"。按照"一岗双责"的要求，明确各处室部门、任课老师的安全职责，完善学校安全保卫制度；实行属地管理，坚持"谁主管，谁负责；谁检查，谁负责；谁验收，谁负责"的原则，定期全面开展校园安全排查，限期整改查出的安全问题；安保处、政教处通过告家长书、板报等途径宣传安全知识，经常开展应急疏散演练活动；一丝不苟地做好疾病预防工作等。本学年，学校安全工作零事故，有效维护了学校的正常教育教学秩序。

（二）德育活动齐抓共管，内容丰富形式多样

政工一线的工作重点是抓思想教育，正面引导，传递正能量，组织丰富多彩的活动，把德育融入学校教育的各个环节。加强班主任的培训和管理，强化

对门卫保安、宿管人员的培训，多次成功召开主题明确的广播讲座，有针对性地进行学生培训。值得一提的是成功组织了第七届教育大奖赛活动；组织师生员工 2000 多人祭扫射阳县革命烈士陵园，省市县多家媒体单位对此进行了报道宣传。

（三）教学一线狠抓质量，捷报频传成绩喜人

2017 年普通高中学业水平考试合格率继续保持在 95% 以上；2017 年高考，学校有 735 人参加文化考试，一本有 44 人达线，二本以上 566 人达线。文化课一本达成率，二本上线人数、达线率均列盐城市同类学校之首，成绩的取得实属不易，也引起较大震动，取得很好的社会反响。成绩传开之后，我收到了很多关心我校发展的领导、同行和朋友的贺电、贺信，也收到了一些初三学生家长的咨询电话和短信。为什么他们想让孩子来我校读书，就是因为高考大捷，我们的办学质量得到社会认可，他们认为把孩子送进我校就一脚跨进本科院校的大门了。我们是公办学校，不拼管理不拼高考实绩，我们拼什么？

有 32 位老师发表了教育教学论文，李荣、颜美玲、范丽娟等老师在市县基本功或优质课竞赛中荣获大奖，高三（2）班、高三（11）班两个班级受到盐城市教育局的表彰，张晨、马景尧等同学受到省市表彰，广西陆川县中学教育考察团莅临我校进行考察访问，李海峰主任作了《把班级还给学生》的班级自主管理专题汇报；我本人 7 月初受滨海县教师发展中心的邀请作了长达 150 分钟的题为《有爱 有心 有为》的专题报告。另外，课堂教学改革推进初见成效，"三步两主一中心"的高效课堂教学模式已达成共识，本学期，人均听课 81.3 节。

（四）后勤工作一着不让，切合实际服务教学

古语"兵马未动，粮草先行"说的就是后勤保障的重要性。学校后勤一直坚持"服务于教学工作中心"的原则，一着不让地做好后勤保障工作。严格遵守财经纪律，规范收费行为；加强校产管理，厉行节约；正常对食堂、校园超市、校医室等勤工俭学场所的安全卫生情况进行综合检查，做好后勤常规服务，各项工作有条不紊；加快硬件建设，改善办学条件，为学校教育教学工作保驾

护航。具体来说，2016 年 7 月 11 日，县财政下达我校校园建设升级改造一期经费 3960 万元的关于拆建教学楼、办公综合楼，维修改造教学楼、餐厅楼、路面、水电设施以及教学仪器设备、图书添置等合计 17 个项目实施方案。至 2017 年 8 月 20 日，一期工程中的体育馆、体育场、科技楼、图书馆、高三教学楼和餐厅楼等 6 个维修改造工程已竣工并交付使用；拆建教学楼、综合办公楼这 2 个重点工程将于 9 月 15 日前完成主体验收、2017 年年底前全部交付使用；实验室、图书室、计算机教室、通用技术教室、音乐美术教室、体育器材、校园网络监控等设备添置工作已完成政府采购的全部手续，合同约定于 9 月 10 日开始装备，9 月 30 日前全部装备完成；道路广场、水电、排水等工程正在或已完成预算编制工作，将逐步进入招投标程序，预计一期工程的 17 个项目于 2017 年 12 月全部完成。

我校校园升级改造二期经费 4040 万元已基本落实，主要用于以下 9 个项目的实施：拆建高二教学楼、公用卫生间，新建高三男生宿舍楼，维修改造现有的四幢学生宿舍楼、尊师公园、校门及两侧的围墙，维修完善全校消防系统、给排水系统、电路网络系统，继续增加教学仪器设备、图书、自动化办公系统的投入，全面改善学生宿舍的内部配置等。以上 9 大工程将于 2017 年 9 月完成立项审批，预计到 2018 年 12 月全部完成并投入使用。

这些成绩，都是在座每一位同仁用辛勤的汗水换来的，我们要倍加珍惜。

二、把握当前，信心百倍迎接挑战

学校面临跨越式发展的巨大机遇，从中央到地方都有"优先发展教育"的政策扶持；射阳县委政府更是特别重视教育等民生问题，多次召开办会专题研究教育工作。暑假期间，负责星级材料准备的中层干部基本没休息，吃了不少苦，因为他们知道学校星级创建工作只能成功不能失败。学校目前面临发展的关键时期，可以说有很多机遇，也有很多挑战；有不少希望，也有一些困难。我认为，本学年，特别是本学期既是学校星级创建、校园改造的关键时期，也是学校改革发展实现精细化管理的关键时期。

崇高的使命感和沉重的责任感不容我们有丝毫的疏忽与懈怠。虽然成绩显著，我们也必须清醒地看到学校发展中存在的矛盾和问题：由于招生政策、办学体制等因素影响，我校优生数量相对较少，部分学生缺乏理想追求；德育工作实效性还不够高；大家的个体业务都不错，平均实力较好，但是部分学科缺乏领头羊；少数教师责任感不足，对学生教育缺乏耐心；学校办学特色不够明显，教学过程管理不够细致等。当然，有些问题是共性的，在其他学校也同样存在，不过，我们大家也必须清楚，解决危机和隐患不是一朝一夕的事情，需要大家凝心聚力、和衷共济。

三、展望未来，学校发展任重道远

展望未来，我们要继续强化安全工作意识，稳步推进德育工作，做好考勤工作，增强教职工的自觉性和坚定性。进一步做好后勤保障服务和育人工作。

学校工作围绕教学转，对学校而言，失去了质量，就失去了地位与形象，进而失去了话语权。质量是立校之本，发展之基，幸福之根。2018年高考，我们的目标是完成"双百"，所谓"双百"，就是2018届高考文化一本上线人数达100人，二本上达线人数超2017高考100人。我们必须在全体教师中形成务实创新、爱岗敬业、比学赶帮、团结互助的良好风尚。教务处、年级部、教研组要加强对学科教师教学质量的监控、督查和指导，随时总结交流经验、诊断校正问题；把师徒结对、推门听课、互相评课等好的传统方法进一步发扬光大，把"让学引思"课堂教学改革规范与我校实际有机结合，继续推进"三二一"高效课堂教学模式深入实施，高举教育质量大旗，努力提高教育质量。

新的一年，学校将着重解决当前我校教职工队伍中存在的突出问题。一是个别干部热情不高，参与一线不深，过程跟踪不紧，现场督办不真，落实整改不力。少数教师工作主动性不够，对学生学情了解不全，教育教学工作抓不住重点，抓不到难点，抓不好细节，抓不出特色。二是部分教师集体教研、二次备课认真程度不够，不能很好地理解、执行学校的工作部署，工作上需要别人监督，只求过得去，不求过得硬；少数老师年仅 30 多岁或刚进不惑之年，便提前进入了老年状态，对生活缺少热情，工作不积极，总是挑毛病、找缺点、发牢骚。其实，我们每个人生活、工作都应充满阳光，始终保持积极的心态。

希望各位同仁随时铭记，"教学质量是学校的生命，教学质量是我们的脸面，学校是我们生存和赢得社会尊重的平台"。牢固树立"教学质量高则荣，教学质量低则耻"的意识，学校各级干部要敢于对教学质量低下的教师说不；班主任要敢于对教学质量低下的科任教师说不；我们要理直气壮地抓教学，一心一意地提质量，要学会一手抓常规管理，一手抓文化成绩，两手抓两手都要硬，通过抓常规管理促进文化成绩提高。

老师们，抓教学质量提高，不要光表现在口头上，更要落实在管理过程中。我们要从每一节课做起，从批改每篇作业做起，从备好每节课做起，从精选每一套试题做起。"功在课前，成在课堂，优在课后"，有安排就要有检查，有检查就要有反馈，有反馈就要有跟进。从小处着笔，从细处入手，养成务实的好习惯。荀子说："不积跬步，无以至千里；不积小流，无以成江海。"教学细节可能体现在学生困难时的帮助，迷茫时的指点，失败时的鼓励，成功时的分享，出错时的包容。一个负责任的老师可以把一个差班带好，一个不负责任的老师可以把一个好班带差。从某种意义上说：责任就是分数，责任就是成效，责任就是质量！我们再设身处地为家长想一想，孩子就是家长的希望，孩子就是一个家庭中几代人的精神支柱，如果因为我们的工作让一个学生上进，变得优秀，家长就会对你充满感激。

同志们，做工作的意义在于把事情做完美，而不是做五成、六成就可以了，我们在座的每一位应该以更高的、大家认同和满意的标准来严格要求自己，上述提及的问题有的是共性、有的是个性，希望大家认真自查与反思，有则改之，无则加勉。工作，不是做给领导看，也不是为领导干，要记住"校荣我荣，校衰我耻"。

新学年，让我们继续用饱满的热情、实在的言行、骄人的业绩立足学校、取信社会。真诚希望广大教职工把学校当成自己的家，把学校的事当成自己家里的事来做，为学校发展多想点子，多做贡献。"家和万事兴"！同事关系和谐了，师生关系和谐了，学校的发展就大有希望了。

做幸福的教师，是目标；幸福地做教师，是践行；做教师的幸福，是成功。让我们一起共同努力，创造幸福！

（2017 年秋学期暑期集训暨全体教职工大会上的讲话）

这几个好习惯，请逼自己养成

转眼间，2018 年前 2 个月很快过去了，跨年的时候信心满满许下的愿望和计划，似乎又像以前一样被搁置了。突然想到某部电影里的一句话：人把自己置身于忙碌当中，有一种麻木的踏实，但丧失了真实。想想我们很多人都是这样，只一味盲目地往前走，日子过得很累，却不知道自己想要的到底是什么。要找到真实的、踏实的自己，找到前行的方向，其实并不难，但前提是，你要做一个自律的人，要成为更好的自己。

你若盛开，蝴蝶自来。从现在开始，这几个好习惯，请逼自己养成。

一、作息规律

我经常在早晨刷朋友圈的时候，看到很多人凌晨两三点发动态，说自己失眠了，睡不着。休息不好的直接后果，就是第二天精神萎靡，如果不能及时调整，就会导致整个人处于非常颓废的状态，日复一日，状态越来越差。

无论有什么烦心的事情，都请记得对自己好一点，早睡早。有一个健康的身体，这是一切的前提，没有了健康，一切都白搭。

睡觉之前可以看会儿书，但一定要拒绝无意义地刷手机，他人的生活与你无关，睡前你要保证自己处于一个安静平和的状态，才能有高质量的睡眠。

早起为自己做顿丰盛的早餐，开启元气满满的一天。

二、控制脾气

生活中总是会有很多艰难的时候，遇到棘手的事、碰到你不喜欢的人，但人生就是这样有好有坏。坏脾气解决不了任何问题，只会让一切变得越来越糟，遇到事情的时候，请你先深吸气，冷静下来再做决定。不要因为一时冲动说出伤人的话，也别因为一时暴躁让事态愈演愈烈，年龄越长，越要找到圆润柔和的自己，如水一般，利万物而不争。要相信生活是有弹性的，当你遇到低谷期时，要尽快调整自己走出低谷，不要在负能量的循环中愈发暴躁。

你怎样对待世界，世界就会怎样对待你，始终以微笑和善意对待身边的每一个人、发生的每一件事，你就会体会到来自生活的温柔和美好。

三、学会拒绝

有这样一句话：世界是自己的，与他人毫无关系。同样，他人的世界之于我们，也只是路过的风景，我们仅仅是看客。不要总想着干涉他人的决定，也别不敢对自己做不到的请求说"不"。

不会拒绝的人，终其一生都会活得非常累，你要学着干脆一点，把付出和时间都留给值得的人，不要一味付出，更别卑微讨好。不是所有鱼都生活在同一片海里，不是所有人都值得你掏心掏肺。

要学会拒绝，学会对你不喜欢的、做不到的说"不"，把握好自己的生活已经很不容易，与其纠结，不如把时间留给自己。

四、少说多听

我们都遇到过这样的人，一起吃饭，席间没有别人说话的空，不管谁在聊天，他总能接上话茬然后喋喋不休。对于这样的人，就算大家不表现出来，但心里一定是会反感的，谁也不喜欢太过于抢风头的人，话多必乱。

老话讲，"祸从口出"，你说得越多，暴露的就越多，甚至在你不知不觉中，已经将人脉伤了个干净。要记得"三人行，必有我师"，看人要看长处，自己少说话，多听听别人是怎么说的，这同样是一种成长。

我们要做谦逊的人，不盲目贬低，也决不肆意吹捧；做个淡定睿智的人，不动声色却自有雷霆万钧之力。不要做那种说得很多，却毫无用处的人，要说一句是一句，让每一句话都有意义。

五、坚持运动

我一直很喜欢康德的一句话："自律即自由。"坚持运动的人，并不仅仅是坚持了这一件事，运动带给坚持之人的，也并非仅仅是强健的体魄。高度的自律，还会让你快速成为自己想成为的人。

克制本身就是一种很了不起的才华，坚持运动、保持身材更是一种难得的能力，有太多人嚷着要减肥，却从未真正坚持下去，哪怕一个月。

运动和不运动的人，从外表上一看就看得出来，而坚持运动的人，也会因此收获到更多志同道合的朋友，会因此拥有更多的机遇和可供选择的前行道路。人生路上，不要忘记运动。

六、勿忘读书

如果说运动之于人最明显的影响作用于人的身体，那么读书和不读书的人的区别，却是更多体现于精神世界。如林语堂所说：没有养成读书习惯的人，是被眼前的世界所禁锢住的，他的生活是机械、刻板。腹有诗书气自华，坚持读书会为人沉淀下来优雅的气质和睿智的力量。无论何时何地，都不要忘记读书，从什么时候开始培养自己读书的习惯都不晚。培养自己读书的心境，而非带着目的去读书。正如林语堂所说：一个人读书必须出其自然，才能够彻底享受读书的乐趣。

七、乐于独处

不要总想着合群，不要总纠结于和谁的关系远了又近了，好的感情是不费力的。你必须明白，在人生这趟列车上，任何时候都可能有人下车，离开你的轨道，这无可避免。孤独是每个人都要经历的成长，所谓成熟，是你学会了享受独处的时光，不再惶恐，不再怯弱，和孤独抵额相对，和平共处。

且行且珍惜，随缘随自在，这一生能够从始至终陪伴你的，只有你自己。要优于过去的你，在独处的时光里，一点一点成为更强大的自己。

人贵在自知且真实。不要觉得完成每天手头的工作就是过完了一天，你需要找到前行的方向，路要看长远。生活中会有很多艰难的时刻，但我希望你总能够有迎难而上的勇气和底气。

不气馁，不妥协，脚踏实地，一步一步地朝着你想要的未来努力。

未来的日子里，这七个好习惯，请你时时记得，无问西东，砥砺前行。

愿我们，都能成为更好的人。

（2018年春学期开学工作会议上的讲话）

情系杏坛育桃李，爱满县高绽芳华

"残雪暗随冰笋滴，新春偷向柳梢归。"在这个冬去春来、佳节将至的美好日子里，我谨代表学校校长室、党总支，并以我个人的名义，向为射阳县高级中学的发展与壮大默默奉献的各位外省籍教师表示由衷的感谢和崇高的敬意，并致以节日的问候！

近年来，我们射阳县高级中学克服重重困难，负重争先，追求卓越，取得了创星升级、校园改造等一个又一个巨大成功，已然成为射阳普通高中教育亮丽的风景线。今年，我们不仅顺利组织了江苏省普通高中三星级评估验收，2018届高三在第一次市联考中一本、二本达线人数也呈现出非常良好的态势。我们越来越有理由相信：射阳县高级中学的明天会更加美好！

我校现有省外客籍教师15人，省内市外9人，共24人。你们这支队伍早已成为我校教育教学中不可或缺的有生力量。好似一面面红旗，面面灿烂；更像一根根柱子，根根得力。你们中有多人获得教育教学大奖和有关部门的荣誉表彰，在学校的各条战线上谱写出了骄人的业绩。例如，李秀莲同志成为我校语文学科的中坚力量，也是射阳县优秀班主任，在市县班主任基本功竞赛中均获一等奖；杨智军老师被评为射阳县优秀教育工作者，闫红芳老师获射阳县新长征突击手称号；汪高升、胡飞、周坤、李秀莲、杨智军等同志班主任工作做得有声有色，得到同仁的好评；敖莹莹、凌丽、吴雪梅、宁陈陈、赵甜、黄成刚、尚英娟等同志默默地支持学校搞好各项活动，宁陈陈、凌丽、吴雪梅、尚英娟等同志教学基本功扎实，敖莹莹主动放弃暑假休息时间为农村孩子免费补课，等等。你们任劳任怨的敬业精神感动了我们射阳县高级中学的每一个师生员工，你们的出色工作塑造了我们射阳县高级中学的美好形象。学校教育教学工作所取得的每一项成绩都离不开你们的支持，都闪烁着你们辛勤的汗水，你们是射阳县高级中学的功臣，更是射阳万千家庭、莘莘学子的恩人。

又是一年春好处，桃红柳绿笑满园。在射阳县高级中学如诗如画、美丽幽雅的校园里，在射阳县委、县政府的坚强领导下，射阳县高级中学将继续坚持"全面发展、一起进步"的办学理念，坚持走内涵发展的道路，健全制度，狠抓落实，让精细化管理的理念体现在每项工作中。

2018年，我们将大力推进"名师工程"，让射阳县高级中学成为一个精彩纷呈的舞台，催生出更多璀璨耀眼的教育之星。

2018年，我们要将新课标的精髓转化为可操作的教学过程，找到素质教育和高考升学的最佳结合点，让师生体会更多成功的喜悦。

2018 年，我们要力争在高考升学方面有大的突破，不辜负家长的期盼，不辜负老师们的辛劳，让射阳县高级中学教育教学质量成为射阳的名片，成为在座各位客籍同仁的骄傲。

2018 年，让我们拥有更多梦想和憧憬，战胜更多困难和逆境，创造更多荣耀和辉煌！未来的发展道路上，请让我们继续一路同行！

最后，我再一次代表校长室、党总支，衷心祝愿各位客籍教师及你们的家人新春快乐，狗年旺旺！祝福你们和你们的家人春节愉快，生活幸福，身体健康，事业有成，万事如意！

（2018 年客籍教师新春茶话会上的讲话）

精致生活，优雅生活

时光悄悄地流逝，岁月偷偷地奔跑。美好的 2019 让我们留恋和回味，崭新的 2020 正向我们款款走来。因为责任，我们携手并进、风雨兼程；因为情怀，我们默默奉献、无怨无悔。寒假，让我们放慢脚步，邀上家人和好友，沏一杯香味浓郁的茶，捧一本涵养生活的书，赏一处心仪已久的景……度过一个充实且有品位的假期！

一起来放慢，陪伴亲人品味生活

如果，教师的身体健康、灵魂丰富，教育也将会有温暖心灵、提升思想的作用。老师们！若想拥有美好的教育人生，先要自己活得丰盛。草木光阴，一书一茶，一粥一饭，都是生活的真味，把生活过得生动而精致，让自己保持从容而优雅，这本身就是一种不言之教。寒假，请老师们放缓平日忙碌的脚步，让自己回归生活，回归家庭。给父母一些嘘寒问暖，给爱人一些温情浪漫，给孩子一些关心陪伴……

世界上唯一能使幸福倍增的方法，就是将幸福与人分享。世界上最幸福的事，不是你的家里有多么富有，而是你家人的笑容有多么灿烂。学校倡导大家在假期中走亲访友要绿色出行、安全出行；亲情团聚，规律生活，绿色消费；孝亲力行，敬畏自然，感恩生活。有损教师形象的话不说，有损教师形象的事不做，我们都是县高人，多宣传学校，文明上网，不从事有偿家教。正思、正见、正言、正行、正气、正能量。最后，真诚地希望老师们与家人过一个有滋有味的假期！过一个绿色、安全、快乐、祥和的春节！

一起来运动，锻炼身体储备健康

长年累月的操劳，让我们"亏欠"自己很多。希望老师们在寒假中把休养当作首要大事，适度娱乐，把觉睡足、把胃养好、将情绪调节好。抑或静静地晒个太阳，闭目养神；抑或认真地做一次瑜伽，神清气爽；抑或温和地健步行走，强身健体……

伏尔泰曾经说过："生命在于运动。"要保持健康的身体，离不开运动。运动让生命之树常青，运动的魅力，就在于它将速度与优美、力量与精神同时体现到了极致，赋予人无限的活力与动力。希望老师们锻炼有恒，关爱自己，能够面色红润、意气风发、行动矫健地开始新的学期！

一起来读书，涵养性情提升境界

读书是可以给人以力量的，能带给人快乐。假期来了，让书籍滋润一下自己的心灵。透过书本，让自己看到不同的世界，听到不一样的观点。我们读过的每一本书，都会变成我们的血肉，融入我们的骨髓，塑造我们的气质，改变我们的容颜，浸润我们的品质，提升我们的修养，丰富我们的德行。寒假时间虽短，也请老师们在放松休闲之余，适当读些书，让我们的假期多一些点缀，多一些底蕴！在思考与沉淀中，不断积蓄生命能量，促进专业发展，提升人生品位！

习近平总书记说："读书可以让人保持思想活力，让人得到智慧启发，让人滋养浩然之气。"确实，读书也许并不一定就能给你带来"黄金屋""千钟粟""颜如玉",但却可以使你的思想时刻保持活力,还可以启发你的智慧,滋养你的浩然之气。读书最大的好处,就是可以修心,可以让人少一分埋怨和浮躁,多一份理解和宽容。

如有可能,也可以做做高考真题、写写教学反思、听听时代歌曲、关注国家大事,提高自己的境界,更好地指导自己及学生的发展。感念时代的赐予,珍惜现在的拥有,努力做"四有"好教师!

鼠为生肖首,春乃岁时先。寒假有限,生活无限,希望老师们让寒假成为学习、工作和生活的加油站,用充沛的精力和饱满的热情迎接新学期的到来!

2020,愿老师们都能遇见更好的自己!祝大家新春快乐!阖家幸福!万事如意!

(2019 年秋学期结束工作会议上的讲话)

县高秋韵

我们是一家人,都是县高人,利用今晚的机会,我想和大家扯扯家常,说会儿话。一转眼,开学至今天已两月有余,忙忙碌碌中,一学期也过去了一半。

去年秋学期开学,我们启用了新的综合办公楼、高二教学楼,本学期开学又有两幢新楼投入使用,至此,校园改造暂告一个段落。镜头再往前移,13 年暑过来时,射中的老校园,若干年没有投入,也没有维护,不仅仅是老旧,还有一点破败的感觉,是"三星创建"给我们带来了发展的机遇。经过反复争取、多次对接,报告打印了若干份,一稿又一稿改了若干次,真的是厚着脸皮争取资源,磨破嘴皮争取支持,最终,政府分两期投入 8000 万元。校园面貌发生了天翻地覆的变化,蓝天下,红墙绿树相映成趣,整体环境已基本实现了净化、绿化、美化、亮化(路灯再有一个月左右实施安装)。目前,各班教室文化布置也已到位，三个年级，既大体统一又各具特色；省化学课程基地建设正在进行中，是为数不多的一个在全省三星学校中的省级课程基地。不过，学校的文化系统尚未构建，我们正在酝酿中，欢迎大家有什么好的想法建议尽管提出来！

同志们！新的发展机遇需要我们牢牢抓住，新的严峻挑战需要我们勇敢面对，市委市政府、县委县政府都已把我校创四星高中工作提上日程、摆到突出位置。2021 年必须创成省四星级普通高中，那么，很多事情都应在 2020 年完成，凡事预则立，相关工作我们已经在谋划、在准备了。比如，10 天前，我们已向教育局呈交了创建经费申请报告，教育局完全同意。根据四星高中标准和相关要求，我们在购置设备仪器、建设智慧校园、改造文馨苑、新建学术报告厅、新建宿舍楼、篮球场重建、管网改造等方面投入总资金约 1 亿元，全部实施到位后，我们学校基础设施将更加现代化，校园也将更加美丽。

前些日子，娇小的桂花，在枝头若隐若现，缕缕的香气，渗透在校园每个角落，细细嗅嗅，觉得整个人都要醉了，漫步校园，什么都可以想，什么都可以不想……相信大家应该会和我有同感，一切都是那么美好！

叶落，知秋，秋已深，意正浓。

操场边，那一排玉兰树已经全部存活，草地里散落着的石板，错落有致，还有池塘里的睡莲、残荷，独具特色。笔直的水杉，粗壮的梧桐，高大的银杏，挺拔的乌桕，还有路边的栾树、女贞树……在体育馆门前看、在办公楼上望、从操场处远眺，无论什么位置，无论什么视角，校园都是多彩的、美丽的，虬劲的大柳树诉说着历史、彰显着校园底蕴。县领导、局领导都说我们的校园是射阳最美的校园，最具特色、最有感觉、最有味道。

深秋摇曳的不只是常青绿叶，还有深藏在我们每个学生心中的无限憧憬，每一个梦想都在深秋美景的陪伴下熠熠生辉。回望开学以来的这两个月，我们的学生打扫卫生区的动作比原来快了，从教室去科技楼上课的队伍也比原来整齐了，路上匆匆的背影、教室里孜孜不倦的身姿、操场上铿锵有力的步伐、学子们的一颦一笑，都在告诉我们，学生在老师的积极影响和感召下，正在高级中学这片沃土上编织自己的梦想，努力奔跑。

习近平总书记说"崇尚英雄才会产生英雄，争做英雄才能英雄辈出"，我说"崇尚名师才会产生名师，争做名师才能名师辈出"，也许短时间内成不了名师，我们也要争做一个"明"师。

"燃烧生命激情，绽放青春风采"的第十届校运会充分展现了县高学子团结奋斗、顽强拼搏、乐观向上、锐意进取的精神风貌！我们老师在运动场上的英姿，更是给学生留下了深刻而美好的印象。我运动、我健康、我快乐！

母语节、英语节，绘画、书法、演讲等各单项比赛可圈可点，亮点频现，整个校园洋溢着诗情，充满了画意。"文化照耀人生，艺术点亮青春"，"十月欢歌"大型文艺汇演更是把活动推向高潮，共有 5.5 万多人在线收看。

"励志百年名校，浇筑青春梦想"，组织高一年级到钟灵毓秀、虎踞龙盘的金陵古都进行研学活动，让我们的学生走进社会、进一步熟悉国情、增长了知识、开阔了眼界，也让家长们好评如潮！这么大规模的研学活动，在射阳教育史上是空前的，组织得非常有序，难能可贵，达到了学校提出的要求，即"安全、收获、难忘"。还有 2019 年成人高等学校招生全国统一考试，有建湖、阜宁、射阳三个县区的 2000 多名考生来参加，在各部门的共同努力下顺利结束。

许多不可能都变成了可能！时光使一切发生着变化。悄悄变化的还有我们的老师，通过若干次的观察了解发现，踩着铃声进教室的老师少了，提前候课的老师多了；相互责怪埋怨少了，互相理解支持多了……我们的老师神采奕奕，有爱、有心、有为，言传身教，如丝丝春雨，润育桃李；我们的老师宁静致远，默默地书写着我们县高人的华丽诗篇。推进"全民健康促进行动"，老师们渐渐地爱上运动；继续深化"书香悦美"活动，老师们沉醉在书香中提升自己。

今日的你，非昔日的你，亦非明日的你；今日之我，非昔日之我，亦非明日之我；今日之学校，亦非昔日之学校，亦非明日之学校。

壮哉，县高级中学！美哉，县高级中学！

各位同仁！幸福都是奋斗出来的，奋斗本身也是一种幸福。我虽草根一个，但我愿意"有一分力，发十二分光"，和大家一道为学校发展出力流汗！县高的明天一定会更美好！谢谢大家！

（2019年秋学期全体教职工会议上的讲话）

补精神之钙，铸教育之魂

本次校党总支委员选举大会，是在全国上下各行各业"毫不放松抓防控，坚定有力促发展"形势下，在我校抓紧抓实线上教育教学氛围中召开的。大会以不记名投票的方式，选举产生了新一届党总支委员。在此，我代表校党总支，对选举产生的新一届党总支委员表示热烈祝贺！同时，向为学校事业发展辛勤工作、作出贡献的全体党员同志们表示诚挚的问候！

在过去的日子里，学校党总支在局党委的领导下，团结全体党员为推进学校的发展作出了重要贡献。希望在座全体党员同志和新领导班子一起，在发扬和继承以往好经验、好做法的同时，着眼新的发展，与时俱进，务实创新，团结带领全校教职工，积极投身到教育教学改革的实践中去，为我校争创四星级高中的跨越发式展再立新功！

新一届党总支成立了，就要发挥它的作用，下面我讲四点意见：

一、要抓学习，打开视野，补精神之钙

我们这支队伍中，大多数同志是教育的行家、里手，教育教学经验丰富。那么，是不是我们的队伍现在就能够完全胜任工作，不需要再学习了？我想大家心里都有一本账，新高考新课程改革不断推进，学校的课程设计、学生的生涯规划、我校教育教学的准确定位等，都不断给我们提出新的挑战。我们教学

一线的同志都深切地感受到，不提升业务，就不能适应新课改，还必须加强政治理论学习，提高思想境界。因此，在今后的工作中，学习始终是我们新一届党总支班子的主旋律。

二、要讲责任，凝聚人心，办群众之事

抓好党的组织建设，是新一届党总支班子的重要任务。今后，党总支要根据学校工作实际，创新活动组织形式。一是组织生活要接地气；二是开展丰富多彩的文化活动；三是适时开展红色教育、党员示范岗、结对帮扶、公益志愿者等主题实践活动。通过这些活动，让广大党员干部把党建活动和工作实践结合起来。

三、要敢担当，做好表率，扬清新之风

支部班子是党支部的核心，支部班子的"核心"作用，决定了各党支部的面貌。因此，抓好党总支、党支部工作，还应从党总支和支部班子的自身建设做起。一是带头贯彻群众路线；二是带头提升业务水平；三是要带头遵守党的纪律，坚持廉洁从政。要求教职工做到的，党员应首先做到；要求一般党员做到的，总支、支部委员首先应该做到，以严于律己、以身作则的表率行动，树立正气的形象。

四、要重实干，推进工作，铸教育之魂

党建工作要根据全校的中心工作来确定。无论是长计划，还是短安排，首先要考虑的是教书育人，工作的重心在哪里？搞清楚中心工作最需要支部做些什么，工作活动安排是否与中心工作目标、要求相吻合，是否符合党建工作的实际情况。这样，想中心工作之所想，急中心工作之所急，党建工作就能站稳

立足点，有的放矢地开展工作。当前是线上教学和新冠肺炎疫情防疫抗疫的关键时期，越是到了关键时期，对大家的能力、素质和党性越是一种考验。希望在座的党员干部能够充分发挥先锋模范作用，坚决贯彻党总支的决策，心往一处想，劲往一处使，增强执行力，向党组织交一份圆满的答卷！

校党总支希望同志们大力支持新一届党总支班子的工作，我相信，新一届党总支和各支部一定会不辜负全校教职工的期望和信任，同心同德，团结一致，努力开创我校党建工作新局面，推动我校教育事业迈上新台阶！

（2020 年学校党总支委员选举大会上的讲话）

后浪奔涌，青出于蓝

教师是立教之源，兴教之本。新冠肺炎疫情延假期间，我们组织了中层以上干部培训班。开学初，增设了教师发展处，出台了一系列推动教师，尤其是青年教师专业发展的措施。今天举行的开班仪式，表明学校在教师队伍建设，特别是青年教师培养方面又迈出了一大步。青年教师培养既关系到学校的未来发展，也关系到青年教师自身的成长。

会议安排我给大家讲话，我对青年教师想说的话有很多，在这里也有你们结对的指导老师，时间关系，我从两个层面谈一谈：

一、对青年教师的要求

（一）要忠于职业、热爱本职

一是要坚定职业理想。当下，教育受到功利主义的影响，部分教师的教育理想产生了动摇，职业信念发生了变化，产生了许多消极行为。我们必须努力维系向上、向前、向善的积极心态和追求理想教育的信念。选择一种职业，就选择了一种生活方式。只有我们热爱自己的本职工作，才能全身心地愉快工作。

二是要走专业化之路。专业化是教师成长的必由之路。这有两个方面的含义：一方面要做一位专业化教师，而不是职业化教师；另一方面要做一位研究型教师，而不是"教书匠"。

（二）要不断学习、提升自我

要树立终身学习的理念。未来，能够立于不败之地的人是会学习的人，而不是有知识的人；是善于在一个团队中合作共赢的人，而不是单打独斗的人。我们青年教师的学历层次普遍比较高，然而高学历不等于高能力，要不断学习、虚心学习，避免发生我行我素、自以为是等现象。聪明人善于借鉴和吸纳他人的经验和教训来提升自我。要向书本、他人和实践学习，要尊重老教师，学习他们的成功经验和工作作风；要学习业务知识、专业知识和教育理论。教无定法，但有规律可循，我们成不了专家，可以做行家，绝不能做外行。这里我送给年轻人三句话：

一是要学会做人。包括学会爱与被爱，是非观念，待人接物，为人处世等。

二是要学会读书。让一个人懂得道理并不断提升自我的重要方法就是读书。如果你不喜欢读书，那你永远也超越不了现在的你，超越别人更不可能。

三是要学会做事。做任何事情，态度永远都是最重要的，要有一种认真负责的态度、精益求精的精神，要干一行、爱一行、专一行才能在事业上有所成就。

（三）要面朝大海，阳光心态

一个人在外力的作用下工作，是被动工作；只有在内力的作用下，才能主动工作。要相信事物的发展都是在向理想和完美的方向渐进，一切都会好起来，并且会越来越好。要积极向上，不要总是消极悲观、怨天尤人、牢骚满腹。

希望在座各位永远不要听信和效仿那些习惯于消极悲观看问题的人的言行，他们只会粉碎你内心美好的梦想与希望！因为你听到的或读到的所有话语，都可能会影响你的行为，只有真正接触和吸纳正面的、积极的言行，才能形成正能量，才能让人产生积极向上的力量。

这里我送给年轻人三句话：

虽然我们治不了沙漠，但我们可以建一片绿洲。

我们不一定有作为，但是我们必须努力有所为。

每一个刻苦勤勉的日子都会有回报，每一个舒坦无聊的日子也都会兑现。

二、对指导教师的希望

青年教师培养是系统工程，是远景规划，此项工作离不开老教师的引领、示范和帮助，今天在座的指导教师都是县高的精英或元老，借此机会我想对老教师们也提两点要求：

（一）以身作则，率先垂范

从一言一行、一点一滴做起。无论是说话还是做事，都应该为年轻人作出表率，年轻人都在看着我们，在学着我们。无论我们积极的还是消极的言行，都会在年轻人中间产生很深的影响。从人的成长的角度讲，年轻人刚参加工作，就和幼儿时期的人一样，一切都未定型，可塑性很强，而且具有很强的效仿性。

好的作风、校风，正是这样以老带新，一代代传下来的。老教师对年轻人的培养和影响是巨大的，请老教师们努力做到：要求年轻人不做的，自己首先不做；要求年轻人做到的，自己首先做到；要求年轻人做好的，自己首先做好。无论在工作纪律上，还是业务能力上，都要为年轻人作出表率和榜样。

（二）教学相长，相互成就

把培养青年教师作为自己的分内之事，对他人成长是一种帮助，对自己也是一种促进。对青年教师而言，需要有来自师父的督促与来自学习任务的适度压力，需要在这一压力之下砥砺前行；对于指导教师而言，来自徒弟对业务的渴望，以及来自自身对知识系统更新的压力，也需要不断地完善自我。请老教师们打破封闭、保守，把自己多年积累的成功经验和做法，毫无保留地传授给年轻人，有效促进年轻教师的快速成长。要保持知识分子和教育人应有的那种气节、儒雅，弘扬主旋律、传递正能量、唱响学校好声音。

预祝本培训班各项工作顺利推进，取得圆满成功！衷心希望，开班典礼成为我校教师队伍建设，特别是青年教师培养的又一个新起点，也希望青年教师积极响应学校号召，认真执行培训班的规定和要求，勤学好问，努力提升，不断完善自我，早日成长为学校的骨干，遇见更好的自己！

（2020年青年教师培训班开班典礼上的讲话）

一腔热血描蓝图，满怀豪情谱新篇

刚刚过去的2020年，是极其特殊的一年，也是极不平凡的一年。

2020年，我校教育教学工作硕果累累，所获荣誉数量之多、奖项规格之高都远超历史最高水平。我校"崇德·尚学""四有"好教师团队喜获省重点培育，是全射阳县中小学唯一获此殊荣的教师团队；我校组织的"励志百年名校，浇筑青春梦想"活动喜获江苏省中学生社会实践活动省级大奖；我校是全县高中唯一荣获市教学质量先进集体的学校；李海峰主任指导学生获国家级一等奖，有多位老师角逐省市县大赛并获大奖，蔡文礼主任和杨毅旭老师分别代表盐城市参加江苏省班主任基本功大赛和化学学科青年教师基本功大赛，此外还有崇俊、朱红兵、薛龙、王峻峰、蒋励等一大批老师喜获市大赛一等奖或市级表彰。

2020年，我校成功举办或承办一系列的高层次、高规格活动：全省教学开放日、送教到陈中盘中、化学新教材培训会、新教育化学书目审核会等。这些活动赢得了社会各界一致好评，提升了学校办学品位，扩大了学校办学影响。

2020年，我校策划编辑出版了《风华》一书，以特别的方式纪念建校十周年，好评如潮。

2020 年，本人申报中学正高级教师，经历了屡战屡败、屡败屡战，终于成功获评江苏省教科研工作先进个人，成功入选盐城市"名校长"培养工程，感谢大家的支持，谢谢！

2021 年是"十四五"开局之年，是全面建设社会主义现代化国家这一新发展阶段的起步之年，也是建党 100 周年，中国共产党百岁华诞，是极其重要的一年，也是极为关键的一年。

我们坚持以习近平新时代中国特色社会主义思想为指导，全面贯彻党的十九届五中全会精神，深刻领会习近平总书记考察江苏重要讲话精神，一腔热血描蓝图，满怀豪情谱新篇。

风劲帆满图新志，砥砺奋进正当时。新学期新形象，新征程新作为！学校的各项工作要围绕"安全、质量、创建、特色"展开，表格化立项，项目化清单，责任化落实，节点化推进，努力做到"事前有布置，讲方案、提要求；事中有跟踪，勤督查、促整改；事后有总结，快反馈、重实效"。人人争做"为民服务孺子牛、创新发展拓荒牛、艰苦奋斗老黄牛"，抓住机遇，乘势而上，进一步促进学校内涵发展。下面我提出三点意见：

一、坚持党建引领，铸就师德师风，打造特色

（一）加强组织建设，提高党建水平

认真贯彻落实上级党委要求，统筹推进学校党建工作，推动学校党建工作规范化、制度化、科学化。严格落实意识形态工作主体责任，加强所有工作群管理，坚持正面宣传舆论导向，弘扬主旋律。严格执行"三会一课"和主题党日教育制度，规范党内政治生活，推进"两学一做"制度化、常态化。

（二）注重思想建设，提升教师素质

实施师德师风建设工程，注重加强对教师思想政治素质、师德师风等的监

察监督，推行师德考核负面清单制度，加快建设师德全员养成体系，进一步营造人人争做"四有"好教师的氛围，我们努力让自己丰富起来，让教育温暖起来。

（三）构建育人体系，关注师生精神

以学生日常行为规范养成教育为主线，主题班会系列化，对学生开展形式多样、内容丰富的主题教育。以重大节日为点、日常为线，一个时期一个中心，如社会实践活动、大型考试和教育大奖赛、开学典礼、成人礼、红五月、国庆节等时段加强教育活动，实现"大目标，低起点，短距离，长效应"。关注师生的"生存、生活、生命"状态，开展青春心语留言、团体素质拓展等丰富多彩的活动，印发《心路导航》《润沁》《文润》《润泽》，让"润心教育"特色在实践中走向丰富、走向成熟。

二、坚持教学中心，倾注高三高考，提升质量

（一）进一步推动"五新"学习研讨

以"新课标"为中心，加强对"新课程""新课标""新高考""新教材""新课堂"的研究。以教研组为单位集中学习研讨《中国高考评价体系》《中国高考评价体系说明》以及各学科新课程标准，把新课程标准作为教学备考的依据。教学管理处牵头让每个备课组每月研做两份学科综合练习，全员做题、做真题、真做题、自主研讨、集体分享，并将研讨成果运用到教学中去。各部门各年级要加强与县内外兄弟学校的沟通联系，积极参加学校联盟活动，汲取兄弟学校的先进做法。当下，需要尽可能多地参加多校联考，把学情分析放到更大的数据盘中。

（二）进一步推动"三二一"课堂模式

从我校校情、学情出发，每一节课都以"浅一点、少一点、慢一点、细一点、活一点、实一点"为基本原则，以学定教，以教导学，努力做到学在前，

教在后；练在前，讲在后；变讲堂为学堂，变教教材为用教材；学法指导贯穿教学始终，学情调研贯穿教学始终。三个年级全科开设备课组、组内研讨课，人人上场，个个亮相，对开设的研讨课，备课组要做到人人听、人人评，开课评课情况纳入教学常规考核，原则上青年教师必须听一节、上一节，先听后上；教研组、备课组的活动必须正常化、制度化，真研讨问题，研讨真问题，研有所得、研有所获。

我们老师要做到心中有爱，目中有人，面向全体，对标对表，紧盯指标数不放松。组织课堂教学满意度专项测评，除了对黄牌班级和学科督导时测评外，在 3 月和 5 月下旬各全面组织一次测评，测评结果纳入教学常规考核。

（三）进一步推动导师制工作深入开展

各班主任根据学生的家庭情况、思想状况、平时表现、薄弱学科等情况为他们安排班级科任老师担任导师，每位导师重点帮扶 5~10 名学生，为他们提供个性化的思想引导、心理疏导、生活指导和功课辅导，有计划、有落实、有记录，有检查，相关处室部门配合以调查问卷的形式对此项工作进行专项考核，考核结果纳入教学常规考核，把在任教年级的中层干部分配到年级各个班级，指导班级教育教学工作。

三、坚持服务至上，全力创建创星，丰富内涵

（一）提高后勤服务意识水平

后勤工作以安全为首要、服务为中心、规范为抓手、节约为原则、创建为重点，全面提高服务意识和服务水平，全力构建以食品、水电安全为中心的安全网络，为全校师生提供一个安全、舒适的学习、生活环境。努力增强主动服务意识，切实提升优质服务水平；全面开展节约光荣、浪费可耻的主题教育活动，积极创造节约型校园；努力践行以师生食堂为重点的综合改革，为全校师生生活质量的进一步提升提供更加完善的保障。

（二）推行项目管理运行机制

坚持务实重行、真抓实干，以"项目导向、创新驱动"为主线，以"点"上的突破带动"面"上的推进，通过整合优势资源，明确目标任务，落实责任主体，形成项目明确、责任明晰、措施具体、绩效可考的中层干部项目化管理运行机制。工作项目化、项目目标化、目标责任化，着力提升中层干部的管理能力，推动学校教育教学工作再上新台阶。

（三）启动四星高中创建工作

启动四星高中创建工作，完善档案资料，科学规划并制定校园第三期综合提升方案，对照标准开展规范办学行为等工作，推进学校校园文化建设，强化学生常规管理，加强学校课程质量建设。

同志们，"雄关漫道真如铁，而今迈步从头越。"让我们与教育同行，与县高相伴，在落实立德树人根本任务、完善德智体美劳全面培养的育人体系上争当表率，争做示范，走在前列！同志们，让我们用无限的热爱和力量为县高更加美好的明天而努力奋斗！

最后跟大家分享一个小故事：

三个工人在砌一堵墙，有人过来问："你们在干吗？"第一个人没好气地说："没看见吗？在砌墙。"第二个人笑了笑说："我们在盖一栋高楼。"第三个人边干边哼着歌，回答道："我们在建设一个新城市。"10年后，第一个人在另一个工地上砌墙；第二个人在办公室里画图，成了工程师；第三个人呢，则是前两个人的老板。

最后，愿所有美好都能如期而至！

（2021年春学期全体教职工会议上的讲话）

潜心教研，蓄力前行

学校正策划成立青年教师培训班，将于5月上旬开班，目的是对年轻教师从入职之初就严格要求，帮助他们更快、更好地成长。"己欲立而立人，己欲达而达人"，同时，倒逼指导教师进一步提高教学基本功和业务水平。

借鉴兄弟学校经验、充分征求意见，我们修订的《射阳县高级中学教育教学科研成果奖励方案》也于年初公布施行，这是学校引领广大教师进一步强化教科研意识，希望大家把教科研变成自觉行为的一项举措。

我们中的部分人（包括我自己），平时只顾埋头拉车，很少抬头看路，就是常说的"小车不倒只管推"，出力流汗不少，效果却不怎么好，我们需要注重教后反思，多一些研究意识。常说"教而不研则浅"，平时，从思考一节课的得与失，写几句教后感做起，注意把教学与研究有机结合，不仅知道"教什么"，还要知道"怎么教"，时间久了，不只自己的业务水平会提升，教学效果也能有效提高。叶澜教授说："一个教师写一辈子教案难以成为名师，但如果写三年反思则有可能成为名师。"林崇德教授提出了"优秀教师=教学过程+反思"的成长模式。

老师们！教学既是一门技术，也是一门艺术。不仅可以使学生学到丰富的学科知识，也可使学生在学、教师在教的过程中得到享受。我们必须熟练掌握教学技术，不断探索、不断创新，形成自己的教学风格！

衷心希望大家平时多学习、多研究！

（2021年春学期全体教职工会议上的讲话）

实现牛年开门红　打赢首届新高考

一年春作首，万事行为先。我先提出三个内容：一是给大家拜个年，祝各位牛年大吉，牛气冲天；二是给大家提个醒，请各位立即从假期状态切换成工作状态；三是给大家加把劲，希望各位以饱满的精神、实干的作风，立即行动起来，积极投身工作。

去年年初，突发新冠疫情，我们积极响应上级号召，停课不停学，寒假中，我们举办了中层以上干部培训——"遇见·美好"，效果较好。

2020年秋学期结束那一阵子，国外疫情复杂，国内疫情零星散发，还出现少量聚集性情况，整个防疫形势严峻，各地各级提出"就地过年"、少流动、不聚集等要求。当下，已有多天无本土新增病例，但也不能掉以轻心、麻痹大意，必须继续做好相关规定工作。上学期最后，我们一起谈家庭、谈生活；今天，我们一起议学校、议工作。

终身学习，绝不是一个理念、一句口号，必须成为我们的自觉行动。阅读是一种学习，培训也是一种学习。受到疫情影响，我们暂时还不能较大规模地"请进来、走出去"。今年我们采用"研讨式"培训，研讨的主题已于初六公布，一会儿按既定顺序，抽签决定各位所讲的具体题目，时间不超过5分钟。

立足新起点，迈向新征程，开创新辉煌。我们必须从头抓紧、紧张快干。接下来，我讲三点意见：

一、不负春光起好步

今年是建党100周年，也是"十四五"开局之年，也是我校创建四星学校的关键之年，因此，做好今年的工作事关学校发展，意义重大。俗话说："一年之计在于春，一日之计在于晨。"春天既是万物萌发的季节，也是播种希望的季节。时光易逝，岁月不居，我们一定要不负大好春光，迅速把各项工作抓起来。

第一，心思要迅速集中。一代人有一代人的使命，一个时代有一个时代的重任，不容我们有丝毫懈怠、半点放松。希望在座所有干部都要做到"知行合一"，树立起言出必行、有诺必践的良好形象；迅速调整状态、恢复秩序，在精神上兴奋起来、在思想上警醒起来、在工作上紧张起来，以只争朝夕的紧迫感、无愧历史的使命感、不负学校的责任感，抓好关键之年，奋战关键之年。

第二，工作要迅速部署。古人讲："凡事预则立，不预则废。"本着早部署、早入轨、早见效的原则，早抓落实、快求突破。各处室部门的工作安排要准确精简，对一些重大任务和重点工作要抓紧细化分解，倒排计划，做到表格化立项，项目化清单，责任化落实，节点化推进。

二、突出重点打好底

面对千头万绪的各项工作，我们既要善于统筹协调，更要突出重点。著名数学家华罗庚在《统筹方法》一文中以烧水、沏茶、擦地为例，说明统筹之效。我想党务党建、师德师风、高三高考、创星创建、教育教学等重点工作也是如此，我们要学会抓重点带全局、抓典型带一般的工作方法，要注意处理好教学与管理的关系，找准结合点和切入点，做到两不误、两促进。

三、狠抓落实开好局

有专家评论说，中国绝不缺少雄韬伟略的战略家，缺少的是精益求精的执行者。我认为这话有一定道理，我们绝不缺少各类规章制度，缺少的是对规章制度不折不扣地执行。执行的过程，就是抓落实的过程。再英明的决策、再宏伟的蓝图、再远大的计划，没有落实，都是纸上谈兵、空中楼阁。是不是抓落实、会不会抓落实、能不能抓落实，不仅仅是工作作风问题，更是党性原则问题、组织观念问题、能力水平问题。

第一，要转变作风抓落实。作风是工作的关键，作风能表现出工作人员的凝聚力、战斗力、形象。天下大事必作于细，天下难事必作于易。细节决定成败，态度决定高度。有人说当领导就要抓大事，我认为，领导干部要善谋大事、乐为小事、常办实事、多做好事。大事不会天天有，因此要善于抓小事，小事情往往折射出大道理。"一屋不扫，何以扫天下。"如果小事都做不好，如何谈得上做大事。

第二，要改进方法抓落实。有些干部也是整日忙忙碌碌，认为很多事情做不完。其实，干工作要学会"弹钢琴"，统筹协调，今天抓什么、明天抓什么，做到心中有数，不能眉毛胡子一把抓。抓落实要有奖有罚，有批评有表扬。表扬是动力，批评是更大的动力。要抓一批典型，对表现好的进行表扬，有问题的要及时督促整改。

第三，要加强领导抓落实。我们在座的各位要身体力行、率先垂范抓落实，成为大家学习的榜样。当一个实实在在的好领导，靠前指挥，带头实干，以自己的模范言行立规矩、树标杆，示范带动广大教师，使各项工作落到实处。

同志们，幸福都是奋斗出来的！我们一定要从内心深处迸发出强烈的感恩之心、强大的奋进激情，把忠诚写在岗位上、把担当融入事业中，提起百倍信心，焕发出冲天干劲，以开局就是决战、起步就要冲刺的劲头，实干实干再实干，奋斗奋斗再奋斗，努力实现新年开门红！

（2021 年春学期中层以上干部会议上的讲话）

奋斗当前　拥抱未来

"当代中国青年是与新时代同向同行、共同前进的一代，生逢盛世，肩负重任。"这段话出自 2021 年 4 月 19 日，习近平总书记在清华大学考察时的讲话。

"百年大计，教育为本。教育大计，教师为本。"教师是立教之源、兴教之本，学校一直着力建设一支"师德高尚、业务精湛、结构合理、充满活力"的高素质、专业化教师队伍，让老师们能更好地担当起立德树人的神圣职责使命。

青年教师是学校发展的生力军，是学校改革创新的重要财富。学校有了青年教师才能充满生机和活力、富有激情和创造，才会有无限的想象力和美妙的灵感。我始终感觉到自己的肩上必须承担这样一种使命：把青年教师队伍建设好、培养好。因此，学校决定在纪念五四运动102周年之际召开一次全校的青年教师会议，以青年教师培训工作推进会的名义把大家集中起来，与大家交流一些看法和想法，刚刚几位教师代表从不同角度发了言，讲得都很好。

大会安排校长最后讲话，我想今天我的讲话，不应局限于如何教书育人，而是以老大哥或长者的身份，以一位同事的角度谈一些切身感受，与大家共勉。今天我的讲话有以下三组关键词：

一、静心、用心、爱心

没有爱就没有教育，爱是教育的全部奥秘。当下，整个社会都比较浮躁，教育也受裹挟，有点急功近利，我们要尽力保持淡定，坚守教育初心。

这里，我想多说说用心。朱永新在《书写教师的生命传奇》一书中提到，对待教师，有三种境界：

一是把教师当作职业。这种类型的教师，把职业视为付出劳动交换薪酬养家糊口的谋生之所。既然是谋生之所，便少不了斤斤计较，患得患失。

二是把教师当作事业。这种类型的教师，把职业当作实现个人价值的舞台，他们渴望来自他人尤其是学生的肯定，工作往往会成为他们生活的核心，关系着他们的喜怒哀乐以及成就感。

三是把教师当作志业。这种类型的教师，把职业视为意义之旨归，职业与生命融为一体。对于教师职业的深刻理解和执着信念，会驱使他们通过学生的卓越发展，使自己的生命得以丰富扩充。

作为青年教师，应该珍惜岗位，踏实工作，把职业当作事业，把事业当作志业。事业是日新月异的，"年年岁岁花相似，岁岁年年人不同。"教材是一样的，但每次备课就会有新突破，每次上课就会有新感觉，哪怕是一个提问，我们都会与时俱进地变换新形式。工作只会让我们为钱袋鼓起而做活，那早起的闹铃声一响，心就闹了起来，因为等待的是让自己头疼的工作。事业呢，做事业的人向来不去看自己的钱袋，其实那个钱袋向来就是鼓鼓的，没有一个事业有成的人是个穷光蛋。那早起的闹铃就是美妙的音乐，因为等待他的是越嚼越有味道的事业。

所以说，干工作是为了一碗永远不好吃的饭，干事业是追求一种永远闪耀着青春色彩的快乐。做工作，尽了力，做得好高高兴兴，做不好垂头丧气；干事业，心扑了上去，乐在其中。工作就是平平淡淡又有些闹心的日子，事业就是轰轰烈烈激情燃烧的岁月。

二、态度、气度、厚度

（一）端正态度

态度是什么？是一种责任与担当，是一种职业操守，是一种价值追求。学校兴衰，是我的责任；学校秩序不好，是我的责任；学校卫生不好，是我的责任。人人都能主动负责，哪有不兴盛的校园，哪有不团结的团体？

（二）升华气度

气度是什么？气度体现的是一个人的修养和内心，是一个人精神和灵魂的保护神，是博大精深的东西。"屈身以安人"是一种气度，"走底而安心"是一种气度，接纳别人的意见是一种气度，容纳别人的不足是一种气度，损己以还利更是一种气度，善于检讨自己更是一种气度。对人、对名、对利、对权，只有拥有气度才不至于坠落诱惑的陷阱。

（三）夯实厚度

教师这一职业，如果没有厚实的功底、深厚的底蕴，要想熟练地驾驭课堂，与学生们分享课堂的收获，无疑是一句空话、一纸空文。教师要传道、要授业、要解惑，不是简简单单的一句话可以应付得了的。现代的学生，既要有知识渊博的教师来指导，也要有现代观念的教师来引领，更要有高水平教学技能的教师来指点。教师之所以受到学生的尊敬，不仅仅是因为尽心尽责，更重要的是教师能给学生以更多的知识，能给学生以更多的能量，能给学生以更多的东西。因此，教师必须要夯实厚度。

三、实干、巧干、恒干

工作是平凡的，关键在于创造；人生是美丽的，关键在于奋斗。

（一）需要脚踏实地

脚踏实地是一种优良的作风，一种严谨的态度，也是一种科学的方法。对于青年教师来说，一定要勤勉敬业、埋头苦干，绝不能心浮气躁、好高骛远，更不能轻轻浮浮、缥缥缈缈。要坚决防止做而不深、做而不细、做而不实的问题。在此我对你们提三点要求：一是言行如一。要知道空谈误国，实干兴邦。二是表里如一。这就要求我们要把自己的理想和脚踏实地教书育人统一起来。三是始终如一。大家的路还很长，既要有奋斗的勇气，更要有持续奋斗的思想准备。

（二）务必善于创新

教书育人是一个创新的工作，是"铁打的营盘流水的兵"，新情况、新问题层出不穷，需要我们有创新的思维、创新的方法，以"变"应"变"。教学缺乏创新，最多只能把一堂课教对，而不能把一堂课教好。评价一个教师的优劣，我想可以有三个层次：第一是这个教师自身业务能力强不强，第二是自身能力发挥得够不够，第三是发挥出的能力转化成教学业绩到底多不多。所以，要想取得成绩，必须要有强烈的创新意识，形成创新的习惯，培育创新的思维。

（三）必须持之以恒

鲁迅先生曾说过："做一件事，无论大小。倘无恒心，是很不好的。"这是向我们提倡持之以恒的精神。"要想在教学上有出路难啊！"为何难？"教育系统人多，好多人空有才华没有机会"。其实，机会只给有准备的人。成功的法则很简单，"能力＋持之以恒"就行，然而，"简单"并不等于"容易"。整个成功过程犹如长跑，在这过程中如不能很好地适应而选择放弃，则永远不会到达终点；如果坚持下去，终点就在你脚下。青春不是人生的一段时期，而是一种心灵状态，只要你心中有诗和远方，就是青春！

（2021 年青年教师培训班开班典礼上的讲话）

强化荣辱观念　抓实过程管理　提升教育质效
推动教育教学高质量发展再上新台阶

其一

各位老师！我们一起遭遇了史上最长寒假，又度过了一个特殊的暑假。为什么是特殊的暑假？假期刚刚开始，7 月 20 日，南京禄口机场新冠疫情暴发，省委省政府就要求"疫情防控严起来、紧起来、实起来"。近期，市县对学校开学工作都作出了明确要求。就我们学校来说，我要给我们的老师们点个赞，很多老师在疫情防控期间"假而不休"或者"假而少休"，有的早早就回到学校，进行疫情防控工作的研究、部署，开展防疫相关工作，基本没有休息；有的在家中进行"线上办公"，每天发布通知，汇总、反馈信息，保持与学生及家长的沟通，确保了防疫工作的顺利推进。正是你们的尽职尽责，保障了学校假期的安全，也为正常开学提供了保障。

开学前，学校各部门对新学期的计划和要求作了详细的部署，在宏观上了解了当前的教育形势、明确了眼前的工作重点。目前，我们县高正处在一个良好的发展阶段，教学氛围比较好、老师的热情比较高、社会的整体评价也不错。但是，面对家长、社会对教育工作的期待和要求，我们还有很大的差距。

8月上旬，盐城市组织全市高中老师进行专业考试，对老师的业务能力进行检测。过去都是老师考学生，现在老师也要接受考试。根据我平时的了解，很多老师在日常教学中都是勤勤恳恳的，学科知识很深厚、学习能力也很强，通过考试应该轻而易举。也有一些老师，为了考得更好，一直都在认真复习备考。后来因为疫情防控要求，考试被推迟，但是，大家还是一如既往地保持努力状态，我再为我们的老师们点个赞！

工作上、能力上、态度上大家做得都很好了，但是，我还是想说一下我的一些看法。新课改后，我们一些教师的教育观念还跟不上教育发展的需要，我们的课堂教学模式还不够先进，导致教学方法和教育手段还停留在课改前。这些都是事实，面对这些问题，我们必须找准自身的优势，以内涵发展赢得先机。如何不断提高教师队伍的综合素质，向课堂 45 分钟要质量，这是我们必须要认真思考并付诸实践的。今天，我和大家就探讨两个问题：

第一个问题，学生来我们学校干什么。

这是一个看似低级的问题，很多老师会第一时间毫不犹豫地说，来学校当然是学习了，还能干什么？无疑，学生到学校的主要任务是学习。但是如果在课堂上，学生睡倒一片，老师却从容讲课，是学生放肆还是老师不负责任呢？

前几年就看过这样的报道：很多人慕名去听魏书生的课。上课铃响了，魏书生走进来，一句话不说，只是在学生中间转来转去，瞧瞧这个，看看那个，时而嘀咕几句，时而交流几句。学生一边看书，一边讨论，圈圈点点，写写画画。下课铃响了，魏书生悄悄走出教室，学生们还是该干啥就干啥。有人就很抱怨："魏老师一句话也没说，这是什么课？""跑了这么远，啥也没学到？"明白人却说："这才是真正的好课！"我们都是普通人，也许我们达不到魏书生的高度，但是我们至少要明白，课堂不是老师的个人表演，我个人十分反对教师在课堂上一讲到底，课堂的主体是学生，要让学生动起来，要注重培养学生良好的自主学习习惯，要营造生动有趣的课堂氛围，要让学生在学习中获得快乐和成就感。如果这些都能做到，我想，学生一定会进步。我们常常责怪学生，抱怨他们基础差，学习能力弱，这固然是事实。但是老师们，有没有真正关心过一个学生？有没有尝试去改变一个学生？有没有与学生真正交流过？导师制有没有落到实处？如果没有，那么我认为，简单地把课堂问题都归结到学生身上，把考试成绩不理想的原因都推到学生身上，这是逃避责任，是不负责任的借口。教育需要用心、用情，课堂教学离不开教师的智慧。

第二个问题，如何成为一个智慧型老师。

人人都想充满智慧，尤其是教师，都知道只有智慧型的教师才能培养出智慧型的学生，谁不想工作起来游刃有余、培养出的学生个个智慧超群，桃李满天下呢？那么，教师的智慧到底从哪里来？我觉得主要来自以下几个方面：

一是靠研究。一位教师要坚持做研究，才能保持旺盛的精力和持久的兴趣，才能成为教育的行家里手。研究是钻研的结晶，教师的教育智慧是对教育教学问题长期研究和不断思考的结果。教师如果能从研究的角度来从事教学工作，就能不断地增强自己的思考力、感悟力，从而全面地提高自己的学术水平和教育智慧。怎么研究？我认为有两种形式：一个是课题研究，可以开展以教研组、备课组为单位的，以日常的课堂教学为主要内容的课题研究；再一个就是论文的发表。那么我们研究什么？有一点毋庸置疑，那就是每学期教学活动当中的重头戏——公开课，我想问问现场的各位老师，你开设的公开课让大家受益匪浅了吗？我也想问问各位组长，你亲自组织实施的公开课让大家茅塞顿开了吗？公开课点评大家都掏心掏肺了吗？如果教师们连公开课都敷衍了事，如果教师们对公开课的成功与否都无动于衷，如果全组的教师对公开课的听课评课都失去了该有的兴趣和热情，甚至产生了抵触和逆反心理，那这就不叫公开课，也就谈不上研究。

二是靠勤奋。教师们都很辛苦，大部分教师都是踏实认真的，但是有这么一种现象，个别教师，其中不乏刚工作不久的年轻教师，不愿意学习、不愿意认真备课、不愿意认真听课，听课笔记寥寥数字，而且字迹潦草，教学能力跟不上形势要求，所任教的科目也成绩平平。甚至有的教师，几年下来教学实绩都没有什么改善，这是一个教师应该有的态度吗？作为一名教师，要想站得住课堂，唯有勤勤恳恳、脚踏实地。我有个建议，希望大家做到"十个一"：每天给学生一个微笑，读一篇好文章；每周进行一次家访，参与一次教育教学研讨；每月上一节示范课，写一篇读书笔记；每学期发表一次文章，开设一次讲座；每学年主持或参与一项课题研究，帮扶一名困难学生。如果以上几点都能坚持下去，不断提高专业能力，让学习成为自己的一种生活方式，你也会成为名师。

三是靠交流。钻研教材、上课、辅导、批改作业都是复杂的脑力劳动，教师的劳动在大部分时间里是个性化的，要独立完成，但决不能因此而忽视教师之间的交流作用。集体备课、早读内容、课堂教案、课后练习要统一，集体备课要有真正的讨论和交流，每个人都要发言，要提出问题，然后在讨论和交流中解决问题。"他山之石，可以攻玉"。要善于学习，博采众家之长。此外，同事间一定要做到互敬、互谅、互帮、互补、互学。工作中难免出现差错和失误，要大度容人，要团结一心，相互学习、共同提高，要始终牢记，我们的共同目标是立德树人。

总之，智慧型教师的形成不是一朝一夕，教师自身要勤于思考，不断提高自己的思考力、感悟力，还要勤于学习，善于集思广益，博采众长。"智慧型教师"应成为我们教师不断追求、自觉探索的目标。

今天就和大家探讨这样几个问题，希望能引起大家更多的思考。最后还是希望我们大家都能有这样的境界，用平平常常的心态，高高兴兴的情绪，快节奏、高效率地多做平平凡凡、实实在在的事情。学会把平凡、实在的事情做得有滋有味、有声有色。

新学期，新气象，希望大家励志耕耘，不断进步！

其二

同志们，今天我们召开全校教师大会，标志着新的一个学年的到来。盘点过去一年的工作，我们挥洒了汗水，取得了进步，收获了经验。其中有许多值得总结和反思的地方，既有成功的经验，也有失败的教训。在各项工作中，全体教职工都体现出了高风亮节的品质，做到了相互理解、相互包容，在这里，我代表校长室感谢大家对学校各项工作的支持。

今天我的讲话主要围绕教学展开，因为对于我们来说，教育教学质量决定了我们的话语权和获得尊重的程度。

8月，我们集体研究今年教师节表彰方案时，经过反复斟酌、慎重决定对方案进行了调整。目的就是最大程度地调动大家的工作积极性，让工作成绩突出的同志得到认可，希望通过表彰先进优秀典型，强化荣辱观念，抓实过程管理，提升教学绩效，推动学校 2021—2022 学年教育教学工作高质量发展，再上新台阶。

我一直在思考一个问题，高一学生因为中考的某些因素，班与班有时候差距可能会大一些；高二学生分班半学期后，班与班之间也出现了差距较大的情况；还有些同志同时教多个班级，但班与班之间也有差距，而这些差距有时还是不容忽视的，是什么原因呢？明明分班时同科类平行班之间差距很小，各个班级基本上都是从同一起跑线上起步的。然而仅仅经过很短的时间，就产生了不小的差异。差异是如何造成的？从日常听课了解、听取学生和家长反映的情况来看，有三点意见与大家分享。

第一，成绩差异与班级管理密切相关。就班级管理而言，班主任承担主要责任，班风的好坏，很大程度取决于班主任的责任心和工作能力。但是任课老师也要参与管理，要在自己的早读午练、晚自习和课堂上担起相应的管理责任，守好、管好、种好自己的"责任田"。据我了解，有的人只管上课、根本不管纪律，这必然是上不好课的。老师不仅要教书，还要育人，不能当"甩手掌柜"。

我们有一些老师认为管理班级都是班主任的事，不愿参与班级管理，也有的老师是不会管理学生，课堂上学生打盹、睡觉、开小差，也往往视而不见、不闻不问。下课铃响了以后，拿着书本就走人，对班级情况了解程度有限，更谈不上与学生交流谈心、进行思想疏导，最终成为了学生印象中的"佛系"老师。

学生的年龄特点决定了他们很多时候不可能有很强的自制能力，这就需要老师的严格要求。所以，才有"严师出高徒"的说法，才有"教不严、师之惰"的古训。这既是一种对教育规律的总结，也是国家赋予教师合理教育惩戒权的原因。如果我们的老师都变成了"佛系"老师，既是对自身职业的不负责任，更是对学生的伤害。

班级无小事，管理出效益。班风好，学风才能好，各科成绩才能进步。希望大家能够明白这些道理，任课老师要掌握班级动态，熟悉学生情况，及时与班主任分享上课感受、交换意见建议，主动管理、大胆管理，通过齐抓共管，促进良好班风和学风的形成。班主任也要注意与任课老师加强联系，及时通报，虚心请教，适时交流，形成和谐紧密的管理合力。

第二，成绩差异与课堂效率密切相关。学校的生命力在课堂，课堂的生命力在高效。课堂效率是影响教学成绩的关键因素，教学成绩是课堂效率的直观表现。通过听课巡课、调研反馈、日常了解，我们总体感觉有些教师在教学环节设计、问题设置、课堂氛围等方面还存在很多问题，课堂往往枯燥无味、非常沉闷，学生活动少，激情、专注程度都不够高。

虽然说教无定法，但每一堂高效的课，都必然要遵循一些基本规律、践行一些必备环节，以此避免课堂教学的高耗低效。以习题讲评课为例，不论哪一门学科，高效讲评都要建立在教师对学情、考情充分了解的基础上。教师事先要精心批改，充分调研各题错误率，课堂上组织带领学生有针对性地分析错因，梳理解题思路，强化答题规范，再举新题进行变式训练，适度拓展，引导学生举一反三。

　　但从实际来看，我们有的老师、有的课堂还远远未能达到这些要求。有的老师按照题号一讲到底，根本不关注哪些题目学生已经掌握不需要讲，哪些题目错误率高需要重点讲。讲评没有重点，就答案讲答案，课堂没有拓展。有的老师白天课堂上讲了很多，晚自习还要继续讲课，挤占学生自主消化和巩固的时间，往往得不偿失。

　　上述问题可以归结为课堂效率低，教学浅表化。究其原因，有些是老师比较懒，课前没有充分准备；有些是老师不敢放手，没有充分认识和体现学生在课堂上的主体地位，没有充分调动学生参与课堂的积极性；还有些老师思维固化，教育教学理念不能与时俱进，一味依赖所谓的"经验"，满足和习惯于"重复昨天的故事"，一首歌唱了十几年甚至几十年，还想继续往下唱。

　　诗人特奥多尔·冯塔内曾说："教育旨在努力为毫无依靠的幼树提供一根拐杖。"在课堂上，教师应该成为学生可以借力的拐杖，成为学习活动的策划者和导演，成为学生解决问题的合作伙伴。教师不要总想着代劳、事事包办，要把解决问题的主动权抛给学生，把讨论的自主权交给学生，把更多的学习时间还给学生。

　　希望大家可以精心设计每一节课，精打细算每一分钟，减少不必要的环节，压缩废话；要多借助现代化教学手段，扩大学生参与课堂的覆盖面；要在深度上多挖掘、广度上多拓展，在变式迁移上多着力；要多在选题精当、讲深讲透上下功夫，减少同质化的重复训练，减少陈题旧题的出现频率。

　　当然，教学业绩落后，除了教学理念和教学手段存在短板之外，还有一些老师是因为自身知识储备不足、教研意识和能力弱化。我们高三老师每逢市联考都和学生同做题，我们要求基础年级老师每月做一份试卷。今年我们将推行半日教研制度，就是希望老师们可以提升做题能力，更好地促进教学。有些学校是这么操作的，老师参加做题比赛，然后批阅试卷，学校全体教职工会议上公布学科最高分和最低分，把每个人的分数和名次，都用信封密封好反馈给教师本人，以此促进落后的同志苦练内功，争取下次比赛能够逆转赶超。我的想法是，作为老师考不过拔尖的学生非常正常，就像竞技体育的教练拿不到世界冠军一样，但作为传道授业解惑者，还是拿个高分比较好。

所以，给学生一杯水，老师要有一桶水。老师要掌握真才实学，自身必须要有比学生更丰富的知识储备，才不会误人子弟。再者，给学生一杯水，老师还要有"长流水"。"长流水"从哪里来？当然是要终身学习，加强研究。希望大家继续保持研究新课标和新高考的热情，强化教研意识、增强教研本领，加快适应新课标和新高考的要求。

希望全体老师牢固树立终身学习理念，牢固树立改革创新意识，以锲而不舍的学习研究，始终站在知识发展前沿，为学生提供鲜活的知识清泉，让自己多一点书香气，多一些研究精神，成为一名学习型、智慧型、科研型的好老师。

第三，成绩差异与思想引导密切相关。在新课改、新教材和新高考的"三新"背景下，注重对学生核心素养的考查，将是今后高考的命题主旋律。"中国学生发展核心素养"综合表现为人文底蕴、科学精神、学会学习、健康生活、责任担当、实践创新等6个维度。

培育学生核心素养与提高学习成绩密切相关，真正优秀的学生除了成绩优异，还有良好的道德品质和性格特征。他们往往都具有良好的学习习惯、专注能力和自控能力。要想在教育教学过程中贯彻核心素养要求，帮助学生形成健全人格，形成适应终身发展和社会发展的必备品质和关键能力，老师就要注重对学生思想的引导。

要引导学生志存高远，树立远大理想。在清华大学建校110周年校庆日之际，习近平总书记强调，"要完善以健康学术生态为基础、以有效学术治理为保障、以产生一流学术成果和培养一流人才为目标的大学创新体系。"从当前的教育环境来看，社会对优质教育的期望值越来越高，对我校的评价，往往聚焦于本科升学率和特殊类型招生控制线。希望各位老师以培养高层次人才为己任，瞄准市内高中名校，对标找差距，查漏补缺，固强补弱，不断激发学生发展的内驱动力。

要引导学生注重规范，养成良好习惯。叶圣陶先生说过，"什么是教育？简单一句话，就是要养成习惯"。有研究表明，课前预习的学生比不预习的学生，听课效果要高三倍。而预习仅仅是听课习惯中的一环，学习习惯还包括审题习惯、书写习惯、阅读习惯、整理习惯、质疑反思习惯，等等。每当考后分析成绩，某某班级、某某学科成绩不理想，往往会让人联想到这个班级、这位老师的课堂，常常是被年级值班人员负面通报的"重灾区"，经常有学生坐姿不正、瞌睡萎靡、吵闹喧哗、进入学习状态慢等现象。良好的学习习惯，是需要在教育培养下才能形成的。希望各位老师要高度警惕学生的不良习惯，并以良好的自身形象给予示范。

要引导学生积极乐观，保持心理健康。考虑到学生进入高中以后学习任务重、思想压力大，2021年秋学期，我们要求全校所有班级在每节课后随机播放音乐名曲，让学生舒缓压力、提高审美鉴赏能力，请团委选好音乐名曲。心理咨询室的李老师随时都可以与有需要的学生交流谈心，我们希望借此帮助学生调节情绪、矫正心理。大家也要认识到心理疏导也是教育教学中的一个重要课题，要清楚这不仅是班主任和心理老师的事，每个科任老师都有这方面的责任和义务，要善于把握学生的心理特点，给学生倾诉的机会，对学生多一些了解和关爱，给学生多一些鼓励和宽容，改善学生心理健康状况，培养人格健全的合格人才。

同志们！2021年秋学期各项工作已经正式拉开帷幕，大家要整理行装再出发，增强荣辱意识，完善过程管理，促进教育教学工作提质增效。

沧海横流，方显英雄本色。希望大家进一步增强责任感、使命感和紧迫感，以更加振奋的精神、更加高昂的斗志、更加务实的举措，顽强拼搏，不断开拓创新，推动射阳县高级中学各项工作持续发展，不断迈上新台阶！

谢谢大家！

（2021—2022学年开学全体教职工大会上的讲话）

用心用情争做"大先生"，聚焦聚力谋求高质量

　　风牵荷韵清香远，光映竹姿静雅浓。在度过一个悠长、充实、惬意的暑假后，各位老师必定是满怀着对生命的富足感和职业的幸福感走进新学期的校园的。看着大家饱满的精神状态，我不由对新学期的各项工作充满信心。

　　今年年初的全国教育工作会议提出，2021 年是党和国家历史上具有里程碑意义的一年，2022 年则是新时代新征程中具有特殊重要意义的一年，当此关键历史时期，我们更应用心、用情争做"大先生"，聚焦、聚力谋求高质量。

　　2021—2022 这一学年，我校始终以习近平新时代中国特色社会主义思想为指导，全面贯彻党的教育方针，遵循教育规律，求真务实，攻坚克难。这一年，我校省级培育"崇德·尚学"好教师团队建设持续深入，四星校园改造项目有序推进，办学质量和高考成绩再创历史新高，成功举办一系列规格高、效应佳、影响广的活动，教育教学工作实绩突出，学校被表彰为盐城市教育工作先进集体，还有多名老师在国家省市县层面获奖或受表彰，所获荣誉数量之多、奖项之高远超以往。这些成绩凝聚着全校教职工的心血和汗水，彰显了县高人不同凡响的素质与素养、使命与担当、智慧和力量，得到了社会各界的普遍认可和广泛赞誉。

　　风劲帆满图新志，砥砺奋进正当时。新形势新机遇，新学年新作为，学校的各项工作必须在突出一个中心（党建引领）、紧扣两个关键（四星创建、队伍建设）、围绕三个重点（课堂提效、教研提质、活动提升）等方面持续推进学校高质量发展，为我校早日创办成为省四星级高中作出贡献。

一、优化运行机制，激活学校高质量发展内驱力

　　坚持党建引领。学校认真贯彻落实上级党委要求，统筹推进学校党建工作，努力推动学校党建工作规范化、制度化、科学化。学校严格落实意识形态工作主体责任，规范工作群管理，加强微信公众号建设，传递正能量，弘扬主旋律，

唱响教育好声音；严格执行"三会一课"和主题党日教育制度，规范党内政治生活，推进"两学一做"制度化、常态化。

健全规章制度。学校牢固树立"向管理要质量"的理念，将办学理念、发展目标、文化传统、校园风尚融入学校制度建设，陆续制定了239种制度章程、公约规定、管理办法、实施方案、工作条例、细则、说明、预案，形成完备的管理制度体系。优化年级部与处室相融合的管理机制，设立学科结合干部，成立年级工作领导小组，缩减管理层级，实现扁平化管理，形成纵向衔接、横向贯通的工作流程，极大地提升了管理效能，有力地推动了学校管理工作向前发展。

推行闭环管理。学校建立健全多元化考核评价机制，严格落实精细化管理要求，始终坚持"事前有布置，讲方案、提要求；事中有跟踪，勤督查、促整改；事后有总结，快反馈、重实效"的闭环式管理方式，形成目标明确、责任明晰、措施具体、绩效可考的项目化管理运行机制，确保各项工作高质量、高标准、有序、有力、有效地推进。

二、改善办学条件，营造学校高质量发展好环境

改造校园基础设施。近年来，为确保顺利创建四星级高中，学校在县委县政府的政策扶持和资金支持下，将陆续对高三教学楼、体育馆、篮球场、网球场等教学场所进行改造升级，对餐厅楼、学生宿舍楼、学生公寓等生活场所进行维修拆建，对地下管网、校园内部道路等基础工程进行重点修缮，并最终形成建筑布局合理、教学设施齐全的现代化校园，为教师的卓越发展和学生的茁壮成长提供便利的学习生活条件。

建设语文课程基地。学校将着力加强硬件建设，营造学科知识情境，凸显专业文化特色，在现有场馆设施的基础上，进一步改造和建设课程基地综合楼、校园融媒体中心、视听多功能厅、教室书屋、写作创意交流中心、语言实验室、自主活动中心、语文情景剧场、影视报告厅等功能性场所，并进行基地网络平台的改造升级，增设相关教学设备，全力为课程的改革创新提供与之相适配的

融阅读、研究、体验于一体的学科教学环境。

增强校园文化氛围。学校将坚持以人为本的理念，全面建设个性化校园文化环境，切实提升校园文化品位，努力使校园中的每一处建筑、每一条长廊、每一间教室都有自己独特的"文化印记"，让同学们在浓厚的文化氛围的熏陶下，获得思想境界、道德情操、人文素养的全面提升。学校将在科学规划和精心设计的基础上，对"尊师园"这一校内重点人文景观进行综合改造，翻修重建园中的小桥流水、假山池沼、亭台楼阁、碑林游廊等，并以其为主体建设一系列附属工程，力求达到自然景观和人文景观错落有致，使用功能、审美功能和教育功能和谐统一。

三、强化队伍建设，壮大学校高质量发展主力军

加强教师思想建设。学校深入实施师德师风建设工程，推行师德考核负面清单制度，把提高教师思想政治素质和职业道德水平摆在首要位置，高度重视对师德师风的监察监督，依托省"崇德·尚学"好教师团队，在全校范围内营造出人人争做"四有"好老师的良好氛围，努力让教师丰富起来，让教育温暖起来。

促进教师角色转变。学校提出了"教师，人人是导师；学生，个个有导师"的口号，制定了全方位、多角度、深层次的导师跟踪制，要求所有教师由传统的传道授业解惑型教师转变为现代意义上的学科教学的行家、心理疏导的专家、励志演讲的高手。导师跟踪制首先是课内的跟踪，然后才是课外的跟踪；首先是非智力因素的跟踪，然后才是智力因素的跟踪；首先是各学科全面跟踪，然后才是本学科跟踪；首先是生活的跟踪，然后才是学习的跟踪。

拓宽教师成长路径。学校实行教师培训进修"一路绿灯"制度，通过专题讲座、岗位练兵等培养智慧型班主任，通过青年教师培训班促进青年教师成长，通过名师工作室、名师论坛等壮大骨干教师队伍。同时，鼓励教师撰写教育教学论文并参赛发表，大力推动省、市、县及学校各级各类课题的申报与研究，

在全校形成人人重视科研、个个参与科研的良好氛围。

四、深化教学改革，筑牢学校高质量发展生命线

打造高效课堂模式。学校根据年级和学科特点制定详细计划，对计划进行全面展开、全体参与、全程督查、全员考核，加强教师对新课标、新高考、新教材的学习研究，实行师生同步考试，促使教师及时把握高考趋势。课堂教学以"浅一点、少一点、慢一点、细一点、活一点、实一点"为基本原则，结合学生实际创设学习情境，通过"让时间""让黑板""让活动"等方式，引导学生自主学习、互动学习、反思学习，努力做到学在前，练在前；教在后，讲在后；变讲堂为学堂，变教教材为用教材；学情调研与学法指导贯穿教学始终，倾力打造"明确目标自主学、思维进阶互动学、素养达成反思学，感受生活、体验生长、领悟生命"的课堂模式。

提升教研教学品质。学校进一步完善教研组与备课组建设机制，创新教研活动形式，丰富教研活动内容，提高教研活动效果。扎实推进半日教研活动，由学科结合干部和教研组长牵头组织全组教师学习相关文件、政策、法规等；研究阶段性教学计划、方案、教学质量评价与总结；研究教学规律，改进教学方式和方法；研究高考及市联考试题；交流研讨培训、参观、学习经验；举行教学论坛、学科沙龙等。学校瞄准学科核心素养，全面推行导学案一课一案，实现学习任务课课清、天天结；坚持教考结合的"源"题制度，现学现考，以考促学；加强作业管理，降量提质；实施巡课制度、学科干部"包片蹲班"制度、全员导师制度、教学满意度测评制度；中层以上干部全部下沉核心备课组，定时、定点、定人参与指导。

完善校本课程体系。学校积极响应国家"双减"政策，落实"五项管理"工作要求，丰富大课间活动内容，开展跑操、跳绳、踢毽子、跳曳步舞等丰富多彩的体育活动。学校不断完善校本课程体系，形成"六大系列课程"：一是主题德育特色课程。开发《扬帆》《导航》等系列校本教材，开展班级德育、重大节日庆典、研学旅行等德育活动。二是基础学科拓展课程。以新课标和高

考评价体系为指导，编写初高中衔接课程，推进国家课程校本化实施。三是强体赋能健康课程。开展体育固本行动，正常开展疾病防控、心理健康辅导，强化学生体育锻炼，建立健全学生体能健康评价标准。四是书香悦美文化课程。常态化举办读书评比、演讲比赛、专题讲座、校园文化艺术节，发行《润沁》《文润》《润泽》等校园刊物，每日播放校园广播。五是劳动教育融合课程。把劳动教育纳入人才培养全过程，广泛开展形式多样的校内外劳动实践活动。六是社团活动精品课程。成立涵盖科技、艺术、文化、健体等多领域的六十多个社团组织，给予学生展现风采的舞台。

同志们，"雄关漫道真如铁，而今迈步从头越。"历史从来没有错怪每一个为之而奋斗的人，同样，时代不会忘记每一个时刻准备着的人。与教育同行，与县高相伴，我们要在这里燃烧自己，熔铸自身的底气和力量。年轻的县高，需要信仰的指引，需要力量的整合，需要用骄人的成绩去描绘我们头顶上这片教育天空的蔚蓝色彩。

习近平总书记在全国教育大会上指出，"教师是人类灵魂的工程师，是人类文明的传承者，承载着传播知识、传播思想、传播真理，塑造灵魂、塑造生命、塑造新人的时代重任。"同志们，让我们立德修身，潜心治学，开拓创新，真正把为学、为事、为人统一起来，争做"四有"好教师，当好学生成长的引路人，用无限的热爱为县高更加明亮的明天而努力奋斗！

过往一切皆为序章，愿美好如期而至！

最后，送大家五句话互勉：

提高政治站位，忠诚担当；

增强角色意识，履职尽责；

紧扣育人中心，真抓实干；

加强团结协作，偕行并进；

坚持读书学习，修身养性。

（2022年秋学期开学工作会议上的讲话）

第五辑　绽放最美的青春，
　　　遇见更好的自己

与青春共舞，携梦想同行

在这丹桂飘香的九月，我们怀着喜悦的心情迎来了新学年。借此机会，我谨代表学校党总支、校长室对辛勤劳动和不懈努力的全体师生表示最热烈的祝贺！对新加入我校的 900 名同学和 12 名老师表示最诚挚的欢迎！

回顾过去，我们硕果累累，激情满怀。

射阳县高级中学在七年的办学历程中逐步形成了"全面发展，一起成长"的办学理念，坚持"为学生健康成长、终身发展奠定基础，为教师愉快工作、幸福生活搭建平台，为地方教育提升、经济增长贡献力量"的原则，确立了"求实、求是、求全"的校风、"有爱、有心、有为"的教风和"自尊、自主、自强"的学风。学校把创星晋级作为全面提升教育教学质量、促进学校建设发展的一次历史性机遇，坚持全员创建、全面创建、全力创建，实现"以评促建，以评促优"的目标。积极改善办学条件，促进学校内涵发展，深入实施素质教育，不断深化教育教学改革，逐步形成了以"三步两主一中心"（简称"三二一"）为核心的高效课堂教学模式，努力提高学生学习的积极性、主动性，教育教学质量稳步提升。无论是江苏省普通高中学业水平测试、高考，还是其他各级各类别的评比、竞赛，我校都取得了令人满意的办学实绩。2017 届高三高考二本以上达线 566 人，上线人数和达线率在盐城市新四星和三星学校中遥遥领先。

展望未来，我们胸有成竹，信心百倍。

学校遵循"全面发展，一起成长"的理念，确定了"办学思想先进、综合管理规范、骨干教师云集、优质生源向往、教学设施齐全、教育特色鲜明、示范作用显著、建设具有良好办学业绩和社会声誉的普通高中"的总体办学目标。今年顺利通过省三星级普通高中验收，在"十三五"期间成功晋评为"江苏省四星级普通高中"。

办学过程中，我们始终践行"崇德、尚学、唯美、求真"的校训，就是希望我们的同学能够学会自我激励、自我管理、自主学习，向着太阳追寻自己的梦想，用勤奋浇灌成功之花。

下面我给同学们提出三点希望：

一是要以学为本。书中乾坤大，笔下天地宽。每个学生都应该勤奋学习，精修学业。知识的积累需要学习；能力的提高需要学习；理性的顿悟、灵性的生发需要学习；心灵的舒展、视野的开阔也需要学习。要摆脱落后就必须志存高远、刻苦求学。我们要培养的是个性饱满、感情充沛、潜心学习、积极进取、追求卓越的学生。是在内心深处有灵性之光的人，在现实当中去探究未来的人，在平凡中开拓灿烂辉煌的人。

二是要以师为范。要尊重教师，尊重教师的劳动，尊重教师在劳动过程中所倾注的心血与感情。亲其师，才能信其道。教师是人，不是神，做不到点石成金、点生成名。我们虽然不能保证 100% 的学生都能成才，但是为了促进每一位学生的成人、成才，我们的老师们会作出 100% 的努力。所以，我希望每一位学生都要对教师心存感激，感激这些用关爱扶持你们的人、用智慧启迪你们的人、用美德陶冶你们的人、用真情感染你们的人，这也是我们中华民族亘古不变的传统美德。

三是要以校为荣。热爱祖国、热爱社会，首先要热爱学校，这是为人之本、为生之德。我们坚信，今后的高级中学将是许多人梦寐以求的地方，是全县创一流教学成绩的地方，是培养学生成才的地方。今天，你们以学校为荣；明天，学校将以你们为荣！

"每一个不曾起舞的日子，都是对生命的辜负。"此刻，我有一个梦想，那就是希望同学们从今天起暗下决心"要做最好的自己"，在你们的高中毕业典礼上，你们能够骄傲地大声说出"我已经变成了更好的自己了"。让我们不忘初心、和衷共济、信守诺言，成就彼此最美的等待与期望！用汗水和智慧共同抒写人生的新篇章！

（2017 年秋学期开学升旗仪式上的讲话）

踔厉奋发酬壮志，勇毅前行向未来

六月的校园，绿荫已浓，风暖花香。此时，我们欢聚在这里，隆重举行 18 岁成人仪式，同时也是 2018 届高三毕业典礼暨高考出征誓师大会。请允许我代表学校向经过三年努力学习，圆满完成高中学业的你们表示最热烈的祝贺！向辛勤培育同学们健康成长的老师致以最崇高的敬意！

三年前，你们怀揣理想和希望，迈入射阳县高级中学这片深情的沃土，开始了人生美好而又难忘的一段旅程，你们执着地追求、辛勤地付出、快乐地生活、顽强地拼搏，为幸福的人生奠定了坚实基础。

高中三年的青春岁月对大家来说，是一段终身难忘的成长历程，是最充满激情、最富有诗意的人生体验。一千多个日夜里，同学们有青春的烦恼、学习的艰辛、成长的快乐、收获的喜悦。

三年的点点滴滴，如一串串珍珠，熠熠闪光。它将成为你们人生中一笔最宝贵的财富，一座最重要的里程碑。面对你们的成长，老师从心里为你们高兴、为你们喝彩，家长从心里为你们欣慰、为你们骄傲！而你们也将伴随着母校的发展壮大，定格在母校的荣誉史册上！

参天大树挺拔耸立，靠的是深扎大地的根；凌云高楼气势逼人，靠的是厚重坚硬的基石。那么我们又靠什么来支撑起无比瑰丽的人生呢？是感恩、是自信、是坚韧不拔、是积极进取！

高考的号角已经吹响，相信你们都已经准备充分，自信满满！在这226亩的校园中，你们挥洒过汗水的每一寸土地，也同样凝聚着老师们的奉献；课堂里每一个精彩的剪影，也同样离不开老师的敬业。一粥一饭，都是父母用爱熬成的，家校奔忙，无处不有父母的陪伴。

离别如期而至，时光如此匆匆。曾经的同学即将各奔东西，曾经的日子也将渐行渐远。可在高级中学这片热土上，你们独有的收获将使你终生受益。你们出色的能力、良好的习惯、包容的态度与拼搏的姿态，无一不是县高人精神风貌的缩影，无一不是社会衡量人才的标准！蔡元培曾说过，"欲知明日之社会，先看今日之校园"。看到大家这样意气风发、意志坚定、积极进取，我仿佛看到了我校的未来、国家的未来！

今天的仪式既有 18 岁成人的庄严，也有毕业庆典的欢快，更有壮士出征的豪迈。同学们，你们即将走出校门，踏上未来的漫漫长路。老师纵有千般不舍，依然期待着大家展翅高飞。请允许我们在你远行的背囊里放上母校的嘱托：

在未来的日子里，希望你们超越自我，实现梦想。只有坚定信念，不懈努力，才能真正超越自我。请大家记得在任何时候都要鼓起勇气，做一名追求进步、超越自我的勇敢者。

在未来的日子里，希望你们追求快乐。在今后的人生旅途中，会有风和日丽，也会有乌云弥漫。但是快乐却可以永远伴随你们未来的漫漫人生路。让我们把人生的每一次困难都当作一笔难得的财富，乐观对待生活，用自信去笑对人生。

在未来的日子里，希望你们有爱和责任。对自己保留一份爱，让自己的身心多一点健康明朗，多一点快乐从容；对他人和社会奉献一份责任，用你的无私付出，换来他人的真心回报。这样你的世界就能越来越美好。

同学们，三年的高中生活把你们和县高级中学紧紧联系在一起。无论你们今后走到什么地方，母校都会时刻关注你们的进步。你们的成功就是母校最大的光荣，你们的发展就是母校最大的骄傲。衷心希望你们能够成为学弟学妹们的学习榜样，成为建设国家的优秀人才。

在你们即将告别母校的时刻，作为你们的校长，我还想对大家说，我们永远是你们坚强的后盾，红旗东路 4 号永远是你们的家，这个家无论何时都会为你敞开。希望你们常回家看看，看看美丽的校园，听听老师亲切的唠叨，叙叙自己纯真的情怀，母校会永远祝福你们。

最后，衷心祝愿全体高三同学高考成功；祝同学们梦想成真、前程似锦；也在此祝愿县高级中学继往开来、灿烂辉煌！

（2018 届高三毕业典礼上的讲话）

行而不辍，未来可期

五月的校园生机盎然，五月的校园激情涌动。今天，我们欢聚在这里，共同举行 2019 届毕业典礼和高三年级 18 岁成人礼，请允许我代表学校向迈入成人队列的你们表示热烈的祝贺，并对为你们的成长而付出辛勤劳动的教职员工们表示衷心的感谢！

三年前，你们怀揣理想和希望，走进这座校园、踏入这片深情的沃土，开始了人生美好而又难忘的一段旅程。三年来，你们执着追求、辛勤付出、顽强拼搏，为幸福的人生奠定了坚实的基础。回首往昔，校园中处处都留下了你们拼搏、奋斗的足迹。点点滴滴的记忆如一串串珍珠，熠熠闪光，它将成为你们人生中一段最难忘的经历，一笔最宝贵的财富。

三年青葱岁月，三年如水时光，三年学海搏击，三年欢乐成长。三年间，几多上下求索；三年间，几许彷徨拼搏。作为校长，作为曾经和你们并肩作战的战友，我有太多自豪、太多期待、太多怀念、太多不舍！

同学们，今天我们在这里隆重地举行毕业典礼，既是庆祝三年的辉煌，更是庆祝崭新的开始。毕业是一个里程碑，但毕业不是结束，而是崭新的开始。

孩子们，在过去的三年里，我们是师生，也是朋友。在今后的人生旅程中，我希望大家：

第一，规划人生，咬定目标。

三年的高中生活是人生中的一段路程，今后的大学生活也是一段路程，大家人生之路的每一段路程都要靠自己踏实走好。我们知道，有什么样的奋斗方向，有什么样的努力过程，就有什么样的人生。同学们一定要认真进行人生规划，设计好自己、管理好自己、创造好自己。我衷心地祝愿大家既可以成为一棵大树，也可以做一株小草，因为树有树的伟岸，草有草的芬芳。我坚信只要大家准确定位，瞄准目标，就能稳健地迈好人生的每一步。请记住：奋斗是青春最亮丽的底色。

第二，学会感恩，宽以待人。

我们要永存感恩之心。感恩父母、师长、同学对自己的付出与帮助，感恩世上一切真、善、美的事物对自己的滋养。所有的困难与挫折也让我们在风雨中成长，让我们在风雨之后见彩虹。学会感恩，我们就要懂得关心他人、回报父母、回报学校、回报家乡，拥有充实的人生；学会宽容，我们就要理解他人、容纳他人，也使自己时刻拥有快乐的心情，为迎接未来激烈的挑战，赢得更加饱满的精力，为自己的成功奠定基础。

第三，不断进取，超越自己。

人生在世，最大的敌人不一定是外来的，而可能是我们自己。我们容易满足现状，因为没有更高的追求；我们不敢面对未来，因为缺乏信心；我们无法发挥潜能，因为不能超越自己。其实每个人都有超越自己的经验，在幼儿期，没有人逼我们学走路，我们却自己试着站立，不断跌倒、不断站起，终于能从只会爬的阶段，进入可以走的阶段。然后，我们对走也不满足了，又要学习跑、跳。希望大家也时常保持进取与超越之心。我们的人生可以平凡，但不能平庸，将来的我们一定会感谢现在努力奋斗的自己。

亲爱的同学们，离别在即，难免有"念去去，千里烟波，暮霭沉沉楚天阔"的伤感；也必然有"桃花潭水深千尺，不及汪伦送我情"的依恋。但我希望我们高级中学的莘莘学子能更多一些"海内存知己，天涯若比邻"的洒脱；多一些"长风破浪会有时，直挂云帆济沧海"的豪迈！

今天的仪式既有毕业庆典的欢快，更有壮士出征的豪迈。还有 6 天，你们即将迎战高考，接受最严酷的考验，我希望你们多一份"黄沙百战穿金甲、不破楼兰终不还"的勇气，多一份"不问是非成败，但求无愧于心"的豁达。我们有理由相信，你们是最优秀的学子，定会向母校和家长交上一份满意的答卷，实现自己的人生理想。我祝福你们，母校也期待着你们！

高考的战鼓已经擂响，出征的号角已响彻长空，让我们一起向高考发起冲刺，去迎接六月的骄阳，去实现梦想！

（2019 届高三毕业典礼上的讲话）

锤炼坚强意志，开启崭新征程

射阳县高级中学 2019 级高一新生入学训练，在孕育与收获的八月拉开了帷幕。首先，请允许我代表全校教职员工，向各位军事教官对我校军训工作的大力支持表示崇高的敬意和衷心的感谢！同时，向各位新同学表示热烈的欢迎！

同学们，从初中到高中，从少年到青年，是你们人生道路上一个极为重要的转折点。初中阶段，你们在老师的辛勤栽培和家长的关心呵护以及自己的刻苦努力下，取得了优秀成绩，顺利进入了我校。带着新鲜的感觉，睁大好奇的双眸，来感受我们美丽的校园和舒适的教学环境吧！我们为有这样的校园而感到自豪，也为它优异的办学成绩感到骄傲。

十年树木，百年树人。射阳县高级中学以提高同学们的核心素养为目标，全校师生谨遵"崇德、尚学、唯美、求真"的校训，努力打造"求实、求是、求全"的校风、"有爱、有心、有为"的教风、"自尊、自主、自强"的学风。几年来，高级中学向社会输送了一批又一批优秀的学生，为社会发展培养了大批的建设性人才。因为信任，所以选择；因为选择，所以热爱！热爱这美丽的校园吧，珍惜这来之不易的求学机会吧！我们相信，在座的各位同学可能都早已暗下决心，要通过高中三年的不懈努力，全面提高自己的综合素质，实现自己的远大理想。

俗话说，良好的开端是成功的一半。从今天开始到本月 21 日，为期 6 天的军训是同学们高中生活的开始。在这次活动中，我们将组织同学们学习跑操、队列队形等基本军事技能，使同学们形成良好的站、立、走、跑等姿势。这不仅是在提高同学们的身体素质，更重要的是在培养同学们吃苦耐劳、顽强不屈的精神和坚韧不拔的意志。我们还要举行七场校级主题广播讲座、一场县级军训应急救护知识普及指导讲座，组织同学们学习校规校纪、学习中学生行为规范。只有养成良好的习惯，才能为日后的生活和学习打下坚实的基础。

同学们，我们必须增强忧患意识和国防观念，以实际行动支持和参加国防建设。知识不是大家唯一的追求，在未来的三年里，学校还将培养你们具备崇高的理想，感恩的心，强烈的求知欲，求实的态度，不懈拼搏、团结协作的精神，健康的体魄和心理等优秀品质。为此，我向同学们提三点要求：

第一，耐得枯燥，耐得辛苦。酷暑刚过，天气还很干热，要想拥有顽强的意志、超强的适应能力，就要经受住严酷的考验。军训的队列训练比较单调和枯燥，每一个动作、每一个姿势要做到规范、到位，可能需要重复几十次。这就要求同学们既要耐得炎热，又要耐得枯燥，始终保持饱满的热情和高昂的斗志，出色完成训练任务。要高度重视，严肃认真，像对待学习一样，对待军训活动，全身心投入，一丝不苟地完成军训的各项任务。

第二，严格训练，严格要求。从开训到结束的每一天，训练的每一个环节、每一个动作，都必须严格按照教官、老师的要求去做。全体同学必须严格要求自己，不怕困难，刻苦训练。以优异的成绩向学校、向老师、向父母汇报。无论哪个训练项目，都要从难从严，既练意志，又练筋骨；既练思想，又练技术。我希望同学们以饱满的精神和乐观的态度参加军训，磨炼自己坚韧不拔的意志，圆满完成来到高级中学的第一份答卷，为未来三年的艰苦学习生活打下坚实的基础。

第三，严守纪律，争当标兵。纪律是取得成功的保证。一支队伍，没有严明的纪律就会打败仗；一个集体，没有严明的纪律就将成为一盘散沙。我们会对每位同学遵守纪律的情况，进行严格考核。军训期间，除特殊情况外，一律不得请假。所有同学都必须集中精力参加军训，认真听讲，仔细看示范，牢记要点，坚决反对散漫的作风。从现在开始，必须养成严守纪律的良好习惯，增强组织纪律观念，一切行动听指挥，坚决服从教官、老师的指挥和调动。以高昂的热情，赢得军训的最后胜利，在各项活动中创造佳绩，不辜负社会、家长、老师的殷切希望。

这次军训活动，时间紧、任务重。但我们相信，只要同学们刻苦努力训练，我们就一定能顺利完成此次军训任务。同学们，你们一定要以实际行动证明自己作为县高级中学的学子是光荣的、自豪的。同学们，在漫长的人生长河中，短短的几天只是其中一朵小小的浪花，但烈日下的蓝天，对我们来说，将意味着美好和永恒！

最后，预祝同学们在军训活动中获得优异成绩，祝愿本届军训活动取得圆满成功！祝全体同学生活愉快、学习进步！

（2019 年秋学期军训动员大会讲话）

情系母校　拥抱未来

当七月的骄阳用金黄装点好收获的笑脸，当三年的奋战将青春锻造成拼搏的精神，十几年寒窗苦读，四千多个日日夜夜，生命终于迎来了最美的青春礼赞。此时此刻，我们欢聚在这里，隆重举行 2020 届高三毕业典礼暨高考出征誓师大会，为即将启程的同学们升起征帆、启动梦想。在此，我谨代表学校，向即将完成三年学业、迈向人生新起点的高三年级全体同学表示衷心的祝贺！向呕心沥血、矢志不渝的老师致以崇高的敬意！

三年前，同学们怀揣理想和希望，迈入县高这片深情的沃土，开始了人生中一段美好而又难忘的旅程。三年来，大家努力践行"崇德、尚学、唯美、求真"的县高校训，五育并举，促进学生的全面发展。军训时同学们被晒黑却自信的脸庞；跑操时同学们整齐的步伐、铿锵有力的口号；在校园文化节、社团活动中展现出的青春风采；运动场上的飒爽英姿和拼搏的身影；远足活动，同学们走出校园，亲近自然，在实践中增强体魄，磨炼意志；线上教学，老师停课不停教，大家停课不停学，家校共建，携手同进；以及那日复一日的晨读夕诵；互不相让的课堂争锋；忙里偷闲的校园漫步；躲躲闪闪的课间追逐……每一个成长的闪光瞬间都已成为县高历史上不可磨灭的记忆，成为我们每个人一生中最宝贵的财富，成为我们圆梦的动力和志展云天的底气。

我提议，请同学们以热烈的掌声为自己三年来脚踏实地、德才兼进的成长喝彩！

再过三天，同学们就要步入高考的考场，就要破茧成蝶、鱼跃龙门。高考，它的全称是"普通高等学校招生全国统一考试"，是中华人民共和国合格的高中毕业生或具有同等学力的考生参加的选拔性考试。这是一次文化知识、心理素质和体能的综合测试，是一场激烈的竞争。受疫情影响，今年的高考延期一个月进行，但多次模考的优异成绩证明，县高的全体师生都能够在黑暗中点亮光明，在逆境中创造奇迹！我们有信心打赢高考这场没有硝烟的战争。而在此之前，我们需要做的就是调整好自己的心态、摆正自己的位置、认清自己的实力、确定自己的目标、尽自己最大的努力。越是临近高考，心态就越显得重要。考试心态制约着考试的发挥，心态好就能正常发挥，甚至超常发挥。因此，对高考的成功与失败要用正确的、积极的心态去认识。首先，高考是一次选拔性考试，是人生走向成功道路中的一个路标，人生能否成功不是取决于一次高考的成败，实现自身的价值要看一个人的整体素质，特别是敏锐的洞察力、强烈的责任感、积极的进取心等宝贵的品质。

"黎明即起，孜孜为善。"决战高考的帷幕已正式拉开，衷心祝愿2020届高三学子旗开得胜，祝县高2020届毕业学子明天更美好！

光阴荏苒，离别如期而至。同学们，你们即将离开这里，就像我校"尊师园"中的候鸟，它们在园子里孕育生命，幸福成长，终究飞向了远方。你们就像这些鸟儿，即将飞向未来。愿你们能拥有一颗感知美好的心，有高山横亘，就体会攀登而上的热血；有河流前淌，就体验涉水而过的自在；有风雨阻拦，就感受风雨中前行的潇洒无畏。愿你们心怀阳光，不惧远方；勇于创新，敢于担当；游学四海，建树八方；任岁月流淌，终不负勇往；奋力拼搏，谱写生活新篇章！我相信，有了你们，县高的校史会增加光彩夺目的一页！因为你们，母校的明天会更加辉煌灿烂！

"青山一道同云雨，明月何曾是两乡"。离别之时我想对大家说："无论你身在何方，县高永远是你的家！愿你们心系家园，志有乾坤；情系母校，拥抱未来！常回家看看，母校会永远祝福你们！"

（2020 届高三毕业典礼暨高考出征誓师大会上的讲话）

用奋斗诠释青春，用百日铸就辉煌

时光飞逝，距离 2021 年高考仅剩 97 天，高考冲刺的关键时刻到了，同学们，你准备好了吗？在此，给大家提出五点建议，为大家的备考助力。

一是保持昂扬斗志，直面各种挑战。

同学们，每个人的青春都是限量版。"现在，青春是用来奋斗的；将来，青春是用来回忆的"。打不赢 20 分钟的游戏，你可以再来一次；十几秒的短视频不过瘾，你可以再刷上百条。但是，你在县高的这 97 天不会有"刷新键"，更不可能有"返回键"。你一旦懈怠、停止奋斗，上天就会以最快的速度，忘记你所有的努力，收回你全部的运气。同学们，丢掉幻想、丢掉短视频，用自己的努力、用持续的奋斗，为未来铺路、为梦想加油！

虽然，这三年的高中生活只是你们人生路上的一小段风景，但我相信一定会有值得你们用一生去回忆、一生去坚守的片段。因为在这里，你们收获了梦想的力量、感受了激情的热度、掌握了自律的本领、体验了坚持的幸福，让我们共同努力、彼此成就。我相信，你们一定会在县高遇见更好的自己，也一定会见证更好的县高！

我们要不减锐气、增长才气、保持朝气、充满底气，以更坚定的信念融入祖国发展大潮，以更有力的行动担当民族复兴大任，在这个伟大时代中，走出属于县高人、属于中国人的壮丽征程！

二是把握高考要求，瞄准备考方向。

方向不对，努力白费。高考备考一定要以考试要求为方向。《教育部关于做好 2021 年普通高校招生工作的通知》（教学〔2021〕1 号）指出 2021 年高考命题要坚持立德树人，加强对学生德智体美劳全面发展的考查和引导。要优化情境设计，增强试题开放性、灵活性，充分发挥高考命题的育人功能和积极导向作用，引导减少死记硬背和"机械刷题"现象。这些要求与"一核四层四翼"的高考评价体系是一致的。为此，同学们要树立正确的价值观，不能偏离航向；要具备学科必备知识和关键能力，不要死记硬背；要做到基础扎实，融会贯通，学以致用；提高对现实问题情境下的认识、分析和解决能力等。

上述这些内容都是抽象的要求，同学们要在掌握基础、训练解题、检测考试等一系列备考过程中细细揣摩，真正理解考查内容在试题中的呈现方式，务必认真研究试题及答案，极力避免就题论题，真正做到举一反三、以一当十，总结规律，及时调整自己的复习策略。

三是优化学习方法，提高学习效能。

学无定法，贵在得法。越是临近高考，心中越要有定力；越是时间紧张，越要能跳出学习看学习。优化适合自己的学习方法，努力突破心理"高原现象"，做到事半功倍。绝不能心中无数、从早到晚、学哪是哪、疲于应付、没有节奏、乱了方寸。

优化学习方法，一定要从反思开始，从反思中寻找自己的问题。至少做到以下六个方面的反思：作息时间是否合理，是否熬时间拼消耗；学习安排是否具体，时间分配是否科学；是否做到知识系统化，有没有形成知识网络；是否忽视基础知识，有没有陷入题海战；是否停留于学科表面，有没有形成学科素养；是否善于总结归纳，有没有举一反三、把握规律。

围绕以上问题的反思结果，思考制订解决问题的办法。如何制订方法？以做题为例，做题不是为了完成作业，不能单纯刷题，要明白众多的题目都是解决问题的"试验品"。做题前，要想一想这道题考查的知识点、能力点是什么；做题时，发现解题思路障碍，要及时调整思考角度，另找思考路径；做题后，要发现自身关于知识点的缺漏处，及时回扣基础知识，要把错题按题型分类整理、研究答案、归纳错因、进行拓展训练、做针对性突破。这样就能不断拥有收获感,用收获感激励自己继续不断优化方法,形成良性循环,最终走向成功。

四是理性对待检测,掌握考试技巧。

检测频繁、考试多是高考前百天的主要特点之一。要理性对待检测、用好检测,要把检测作为高考的实战演习。如果能够把平时考试当高考,高考也就是平时的训练。

正确定位检测考试。凡是检测皆为训练,要笑对每次考试成绩和名次的升降变化,强大自己、保持平衡、稳得住、放得下,在变化中发现问题和不足,不断修正完善。学会处理检测考试失利时的痛苦和遗憾,这不仅仅是高考的需要,也是人生的一种修炼。

正确处理检测考试。考试结束后,要学会从整体到局部反思考试过程,整理总结考试技巧。整体上,注重分析四个方面:考试心态怎样、时间分配怎样、成绩与自己的学习实际是否相称、有无重大失误或超常发挥。对局部,也是着重分析四个方面:考了哪些题型和知识点;各题型用时多长、得分怎样;哪些题型会而不对、失分原因是什么;哪些题型不会、原因是什么。只要从每一次检测中都梳理出经验和教训,不断总结,就能为决胜高考提供保障。

五是相信老师学校,汇聚团队力量。

一个人可以走得快,但一群人才能走得远。在高考的征途上,学校、老师和同学们是同向而行、并肩战斗的战友,有着共同的使命与目标,应该亲密无间地站在一起,共同叩响高考胜利之门。老师们责任重大,他们会站在学校荣誉的高度、站在学生前途的角度、站在教师职业道德的维度来认识高考备考的重要性,做大家学习上的推动者和心灵上的关怀者,让大家能够以良好的精神状态复习备考。

同学们要相信最好的备考环境是学校、最好的备考助手是老师、最好的备考动力是同学。同学们要紧跟学校的复习备考安排、落实老师的备考要求、正确处理集体复习与自主复习的关系。既不要一味依赖集体复习,忽视自身个性化问题的解决,使个人问题越积越多;也不要只重视自主复习,而忽视了集体复习的进度和要求,使学校学习流于形式。一定要在与学校复习保持基本同步的情况下，充分发挥主观能动性，勤学善思、不懂就问，在问题的解决中巩固知识、拓展能力、提高思维品质。

同学们，人勤春来早，奋斗正当时！只要同学们加油奋进，胜利一定属于你们。谢谢大家！

青春逐梦心向党，十八而志勇担当

六月，草木葱茏，繁花似锦；校园里，绿荫渐浓，孕育累累硕果。今天，我们欢聚在这里，隆重举行 2021 届高三学生成人仪式，同时也是毕业典礼暨高考出征誓师大会。首先，我谨代表学校向顺利完成高中学业、即将踏上高考考场的全体高三同学表示热烈的祝贺！向三年来朝夕守望、无私奉献的全体高三教师表示衷心的感谢！向关心同学们的成长并付出辛勤劳动的学生家长和社会各界人士表示崇高的敬意！

流年似水，春华秋实。三年前，你们带着一脸的稚嫩和美好的愿景跨入县高的大门。再过几天，你们即将向母校道别、向师长道别、向同学道别。我们忘不了你们头顶骄阳、挥汗如雨的严格军训；忘不了你们才华横溢、精彩纷呈的艺术节表演；忘不了你们敢于拼搏、勇争第一的运动会比赛；忘不了在草长莺飞的三月，你们远足踏青祭英烈；更忘不了你们在各级各类竞赛中积极参与、展示自我。

高三学年，你们激情早读、扛旗跑操；高三学年，你们一起参加倒计时授牌、百日冲刺；高三学年，班级电脑里有你们的励志投影，教室后墙上有你们的奋斗目标，课桌桌面上有你们的人生格言。冲刺高考 50 天、30 天的主题班会，每一次大型考试光荣榜的及时更新，以及班主任每日随班听课，只为激励你们奋发进取，希望你们的人生能发出耀眼的光芒。

我一直觉得我们有缘，因为教育，学校、老师、家长、学生结下了难忘而美好的情缘！在你们毕业之际，我要带着喜悦、感伤和不舍的心情，在你们的行囊里放上校长的祝福。

我希望你们做人温暖善良。善意总能得到回馈，努力做一个温暖而善良的人。不因为蝇头小利而打破为人处世的原则；不因为一点小事、误会而锱铢必较；更不因为一己私欲而损害他人利益。往后余生，用加法去爱人、用减法去怨恨、用乘法去感恩、用除法去解忧，你会发现全世界都会向你微笑！

我希望你们做事执着坚持。这个世界上聪明的人比比皆是，但是执着如一、坚持不懈的人却不常见。执着坚持是成功的第一要素，也是我们的第一竞争力。经得起再三的考验，才配叫作热爱；经得起再三的挫折，才配叫作理想。所以即便悲伤，也要前行；即便失望，也要心存希望。挑战和机遇并存，只要我们足够努力，机会就在前方。走过春夏秋冬、风霜雪雨，才会遇见更美的自己，收获鲜花和掌声。

我希望你们学会感恩怀德。"国无德不兴，人无德不立"。我们站立的地方，正是中国；我们的样子，正是中国的样子。习近平总书记说过："青年兴则国家兴，青年强则国家强。青年一代有理想、有本领、有担当，国家就有前途，民族就有希望。"作为新时代的青年学子，你们承担的不只有一时的成败得失，还有国家的未来。请看一眼你们身后的老师、身旁的同学，想一想家中的父母，是他们在迷茫时引导我们、在沮丧时鼓励我们、在摔倒时扶起我们、在困难时帮助我们。我们之所以能够健康、幸福和快乐地成长，是因为很多人的努力和付出，所以希望同学们能学会感恩。

三天后，同学们将要决战高考，相信你已披坚执锐，蓄势待发，会用优异的成绩向建党 100 周年献礼！我不想重复备考的细节，因为老师们会叮嘱你们。我只想对你们说："大树有大树的伟岸，小草有小草的芬芳。只要大家心态平和，全力以赴，你就不会有遗憾的高考和人生，将来的你也会感谢现在努力的自己。"

同学们，我希望你们离开母校以后，始终带着母校的期盼和老师的期待，以县高学子自觉、自主、自律的精神和品质，在人生的道路上走得更快、更远。

毕业是一段故事的结束，也是另一段故事的开始。你们就要告别生活三年的县高了。花开了、谢了，树还在这里；人聚了、散了，记忆还在这里；你来了、走了，母校和老师还在这里。每一次欢笑、每一次流泪、每一次成功、每一次失意，都将成为永久的记忆，都会升华为永恒的友谊。请不要因为离别而难过，今天的离别是为了明天更好的重逢！县高只是你们人生道路上的一个驿站，你们将从这里出发，去发现更美好的风景、追寻更广阔的舞台！

此去星辰大海，无论同学们奔向何方，不管你们走到哪里，红旗东路4号——射阳县高级中学始终是你们的家！欢迎你们常回家看看！

最后，我再次祝福你们：愿你们蟾宫折桂，金榜题名；愿你们前程似锦，未来可期！

愿所有的美好如期而至，愿你们都能活成自己想要的模样！

前路漫漫，愿大家且行且珍惜！谢谢大家！

（2021届高三成人仪式、毕业典礼暨高考出征誓师大会上的讲话）

军训润年华，热血谱青春

在这美丽的黄海之滨、射阳河畔，在这荷花飘香、骄阳如火的季节，在这美丽的射阳县高级中学校园，我们迎来了910名朝气蓬勃、意气风发的高一新同学。在此，我谨代表射阳县高级中学全体师生向新同学表示热烈的欢迎，向承担此次军训工作的教官们表示崇高的敬意，向关心支持我校发展的梁部长、杨局长表示衷心的感谢！

建校十多年来，学校谨遵"崇德、尚学、唯美、求真"的校训，团结实干、拼搏进取，向高校输送了数以万计的毕业生，教学质量逐年提高，办学影响力日益扩大。美丽的校园环境、现代化的设施装备、一流的师资队伍、骄人的办学成绩——这就是我们的学校。今天，这座校园因为你们的加入而熠熠生辉，我们以你们为荣耀。在这里，你们一定会遇见更好的自己。

有一种深沉的表白，叫做"清澈的爱，只为中国"！新时代的中国青年要把自己的理想和祖国的前途、命运紧密关联，要以实现中华民族的伟大复兴为己任，增强做中国人的志气、骨气、底气。

作为校长，我向同学们提三点希望：

首先，我希望你们坚持自觉，树立"为实现中华民族伟大复兴的中国梦而读书"的志向，做新时代的奋斗者。我们并非生在一个和平年代，而是长在一个和平的国度，祖国母亲以她宽厚的臂膀呵护我们成长。如今，你们风华正茂，应当意志坚定、行动自觉，用理想的灯照亮前行的路，不负时代、不负韶华、不负党和人民的期望。

其次，我希望你们坚定自主，增强"会当凌绝顶，一览众山小"的底气，做新时代的开拓者。在中国共产党的坚强领导下，从"两弹一星"到"一箭九星"、从"基本温饱"到"全面小康"、从"北斗导航"到"东风护航"，社会主义道路、理论、制度和文化体现出无与伦比的中国特色与中国优势。同学们应当用信念和毅力成就美丽人生，在实现共同富裕的蓝图中磨砺青春。

最后，我希望你们坚守自律，磨炼"天生我材必有用"的骨气，做新时代的赶考者。一个人自律的程度决定了他的人生高度。如果每天只是躺平、聊天、刷抖音、玩游戏、喝奶茶、做美梦，做着以后任何时候都能做的事情，那要青春何用？同学们，人与人之间最大的区别往往是在 8 小时之外，希望你们积跬步以至千里、积小流以成江河，在实现"中国梦"的伟大征程中砥砺奋进，书写无愧于时代的华彩篇章。

军训是一场升入高中的仪式，也是一场迎接高中的典礼。军训中的炎热、疲惫、坚持、顽强，对我们每一位同学来说都是一段刻骨铭心的记忆。我相信，在全体教官的精心教导下、在全体师生的共同努力下，我们全体高一同学一定会以高昂的斗志、饱满的热情投入到军训中去！一定会以军人的气质、军人的修养、军人的优良作风和团队精神，交出一份精彩的军训"答卷"！

最后，祝 2022 级高一新生军训取得圆满成功！

期待大家用信念和毅力成就美好的未来！

（2022 级高一新生军训动员大会上的讲话）

百炼成钢，蓄势待发

为期一周的军训生活即将画上圆满的句号。刚才同学们进行了会操表演，向各位领导和老师充分展示了这次军训取得的丰硕成果。在此，请允许我代表学校向为军训付出辛勤汗水的教官、班主任及所有工作人员表示衷心的感谢！同时向敢于吃苦、奋力拼搏，顺利完成军训任务的全体同学表示热烈的祝贺！

军训虽然短暂，但意义深刻、影响深远，一定都给每位同学留下了终生难忘的记忆。

通过这次军训，我们领略了当代军人的卓然风采，感受了军人的火热情怀，学习了军人的优良品质和硬朗作风。七天来，各位教官言传身教、尽职尽责，对每一个动作都一丝不苟地做好示范，不厌其烦地指导、纠正。衣服虽被汗水浸湿了，但动作依然有力！各位教官用他们的实际行动告诉我们，什么是过硬的业务能力，什么是坚强的意志品格。各位班主任在军训过程中全程陪伴、悉心指导，用他们的无私关怀向同学们诠释什么是言传身教、以身作则。在这里，让我们真诚地向尊敬的教官、班主任道一声：你们辛苦了！

这次军训，更令我们感动的是绝大多数的同学都在烈日下军训，全然不顾满脸汗水，有的同学腿脚练得抽筋，也不退缩；有的同学身体很不舒服，只是稍作调整，又回到训练场上。这一幅幅画面将铭刻在我们的脑海中。同学们在军训中掌握了队列技能，培养了自我约束能力、意志力、执行力、团队精神。增强了组织纪律观念、磨砺了顽强拼搏的意志、发扬了吃苦耐劳的精神，涌现出一批优秀训练标兵。希望同学们认真总结军训收获，让军训成为我们人生中最宝贵的精神财富。

同学们，军训即将结束，紧张而充实的高中生活很快就要拉开帷幕。我们期望大家把在军训中锻造的钢铁般的意志、脚踏实地的顽强作风和严格自律的精神内化成我们的品质，在我们今后的学习、生活中，要做到纪律严明、自强不息、不负重托、不辱使命、勇往直前、追求卓越。我们坚信，如果每个同学都能够保持这种高昂的激情和顽强的毅力，你们一定会在三年后的高考中取得理想的成绩！

同学们，人生之路很长。一路上会有艳阳高照，也会有阴雨绵绵；会有一马平川，也会有高山峻岭。我们的未来和我们中华民族的伟大复兴同步，也和世界格局关联。瞬息万变的世界格局一定会给我们带来不少风雨，我希望你们把自己的理想和祖国的前途、命运紧密连接，以实现中华民族的伟大复兴为己任，增强做中国人的志气、骨气、底气。作为新青年，你们要胸怀大志，以"天下兴亡，匹夫有责"的情怀，自觉将个人理想融入国家富强、民族振兴、人民幸福的历史洪流中，勇挑重任。

同学们！三年中，大家将会每天迎着晨曦、踏着朝露走进校园。这里是让梦想远航的地方，在这里，你一定会遇见更好的自己！大家也会每天带着学习收获，伴着星光进入梦乡。2022届高三（5）班的陈雯雯同学入学时成绩一般，三年的勤学好问，使她以589的高分顺利考上苏州大学，成功上岸！我们相信：大家都是奇迹的见证者，也都是奇迹的创造者！将来的你，一定会感谢现在努力的自己，三年后的你们，将考取自己心目中理想的大学，高级中学也必将因你们而自豪！

最后，让我们再次感谢各位教官、军训领导小组中的全体成员和班主任的辛勤付出，祝各位教官、班主任工作顺利、身体健康！

祝全体高一年级同学学习进步、健康成长！

（2022级高一新生军训闭幕式上的讲话）

与辽阔山河同青春，和千秋伟业共芳华

初夏六月，岁月正好。伴随着成长的喜悦，洋溢着收获的幸福，我们欢聚在一起，隆重举行射阳县高级中学 2022 届高三毕业典礼暨高考壮行大会，我谨代表学校向顺利完成高中学业、即将奔赴高考考场的 978 名高三同学表示热烈的祝贺！向三年来，勤耕不辍、默默陪伴同学们成长的全体高三老师致以崇高的敬意！向关心支持县高发展的社会各界人士表示衷心的感谢！

时光太瘦，指缝太宽。三年前，你们怀揣激情与梦想，踏进县高的校门。三年来，我们一起与晨钟暮鼓相伴，走过春夏秋冬。你们成长历程中的每一次蜕变，那些匆忙的脚步、迷茫的眼神、挥洒的汗水、顿悟的喜悦都是那么清晰可见。记得你们头顶骄阳、挥汗如雨的军训；记得你们才华横溢、精彩纷呈的艺术节表演；记得你们敢于拼搏、勇争第一的运动会比赛；记得阳春三月，你们远足踏青祭先烈；记得金秋十月，你们在南京的教育研学；记得你们在各级各类竞赛中，积极参与、展示自我……高三学年，你们每天清晨的激情朗读、课上的流利表达、课间的扛旗跑操、晚上的奋笔疾书，我们都记得。高三学年，班级电脑里的励志投影、教室后墙上的奋斗目标、办公室师生共同探讨问题时的身影，这一切共同构成了县高永不磨灭的记忆。而今，凤凰花开，你们成了毕业季的主角，即将告别亲爱的母校，踏上崭新的征程，继续高唱自己的青春之歌！

在这里，你已遇见更好的自己！将来的你，一定会感激现在努力的自己！

三载春秋，用汗水浇灌希望，用一次次超越惊艳父母师长。站在高中毕业的人生站口，回望来时的路，你们用"崇德、尚学"练就了意志品质，用"唯美、求真"丰富了知识阅历。面对高考，你们自觉、自主、自律，我相信你们的青春注定无悔，相信你们的未来必定可期！

再过 2 天，你们就要走进高考考场，希望你们以平常心态自信地去迎接高考。高中三年，一千多个日日夜夜，积累的知识、优化的方法、缜密的思维、成熟的心智都是你们决战高考、赢得高考的自信和底气；高三一年得扎实的备考（1次调研考试、3次模拟考、8次教学情调研、9次月考），科任老师的深透讲解、精准点拨、谆谆教诲终将汇聚成你们挑战高考、享受高考、成就自己、冲天振飞的昂扬豪气，过去所学必定大于明日所考。走过高考，你们就是人生的赢家，无论结果如何，只要努力了、拼搏了，能够考出应有的成绩，就是巨大的成功。

同学们！在这毕业临别之际，你们也许会发现，原来课本可以带走、笔墨可以带走、校服可以带走，但学校里的红墙绿树却带不走，恩师同学也带不走，还有学校智慧泉旁的合欢花、文馨苑东的紫藤萝、尊师园西的银杏叶、还有那些可爱的猫咪也都带不走。但请你们相信，母校留在你们身上的印记，已经深深融入你们的血脉，会被你们全部带走并伴随你们的一生。未来，希望你们带着激情与梦想勇敢地踏上新征程，去迎接属于自己的高考季。

"红日初升，其道大光。河出伏流，一泻汪洋"。黄海之滨，射阳湖畔，长空万里，好风正劲。同学们，毕业并不是指高中校园旧关系的结束，而是指校友和母校、游子和归途新关系的开始。作为校长，我陪伴你们走过人生中最宝贵的三年青春时光，我真诚地希望每位同学都能在未来的人生中，时刻牢记："你所站立的地方，正是你的中国；你怎么样，中国便怎么样；你是什么，中国便是什么；你若光明，中国便不黑暗。"虽然，我们绝大多数人都将从事一份平凡的职业，过一种平常的生活，但这并不妨碍我们在平凡中走向伟大，在平常中创造美好。情系家国有大爱，与辽阔山河同青春；胸怀天下担大任，和千秋伟业共芳华！

无论你们奔向哪里，大家永远是母校的牵挂，母校永远是你们坚实的后盾、温暖的港湾。红旗东路4号，欢迎你们常回家看看！

最后衷心祝愿高三同学，在 2022 年的高考中虎虎生威、势不可挡、旗开得胜、马到功成！

祝愿射阳县高级中学事业蒸蒸日上、全体师生幸福安康！

（2022届高三毕业典礼上的讲话）

永远跟党走，奋进新征程

亲爱的同学们，大家下午好！非常高兴有机会为全校同学上一节思政课。思想政治课要教给大家的是做人做事的道理，这直接影响着大家将来能否更好地成为有理想、有道德、有文化、有纪律的优秀人才，更好地成为担当中华民族复兴大任的时代新人，希望同学们都能认真听这节课。

为迎接党的二十大胜利召开，在 10 月 14 日下午大课间，学校组织同学们观看了一组短视频。通过这一组视频大家了解了党代会的相关知识，感受到了在中国共产党领导下中国的蓬勃发展。

10 月 16 日上午，学校组织全体师生收看了中国共产党第二十次全国代表大会在人民大会堂开幕的实况转播，习近平总书记代表第十九届中央委员会向大会作了报告。大会上，总书记全面总结十八大以来取得的重大成就和宝贵经验，他表示："新时代的伟大成就是党和人民一道拼出来、干出来、奋斗出来的！"展望未来，总书记说："从现在起，中国共产党的中心任务就是团结带领全国各族人民全面建成社会主义现代化强国、实现第二个百年奋斗目标，以中国式现代化全面推进中华民族伟大复兴。"

10 月 22 日上午中国共产党第二十次全国代表大会在人民大会堂胜利闭幕。闭幕会上，习近平总书记号召全党紧密团结在党中央周围，高举中国特色社会主义伟大旗帜，坚定历史自信，增强历史主动，敢于斗争、敢于胜利，埋头苦干、锐意进取，团结带领全国各族人民为实现党的二十大确定的目标任务而奋斗。

习近平总书记的重要讲话催人奋进，激励我们踔厉奋发、勇毅前行，为全面建设社会主义现代化强国、全面推进中华民族伟大复兴而团结奋斗。

今天，思政大讲堂的第一讲，我讲的题目是《永远跟党走，奋进新征程》，主要从三个方面与同学们进行交流：一是要心中有党；二是要心中有祖国；三是要心中有人民。

一、心中有党，坚定听党话、跟党走的理想信念

"没有共产党就没有新中国"。只有中国共产党才能救中国、才能发展中国、才能强盛中国。近代中国在黑暗、苦难和压迫当中艰难前行，列强入侵、军阀混战，山河破碎，民不聊生。直到 1921 年中国共产党成立，中国历史才掀开了崭新的篇章。伟大的共产党带领亿万中国人民推翻了帝国主义、封建主义、官僚资本主义这"三座大山"，赶跑了日本侵略者，推翻了国民党反动统治，带领中国人民进行轰轰烈烈的社会主义革命，持续推进改革开放和社会主义现代化建设，使中国的面貌发生了翻天覆地的变化。

同学们，你们是中国特色社会主义事业的接班人，要始终热爱中国共产党，要主动了解党的历史，要不断学习党的思想，自觉拥护党的领导，时刻听从党的号召，自觉种下为共产主义远大理想和中国特色社会主义共同理想而奋斗的种子。

二、心中有祖国，坚守爱国报国、强国兴国的鸿鹄之志

（一）自觉坚定爱国之心

在漫长的历史进程中，我们中华民族屡经挫折而不屈、屡遭坎坷而不衰，成为世界历史上唯一一个文明不曾中断的伟大民族，其中很重要的一个原因就在于爱国主义始终是我们民族精神的核心，爱国主义始终激励中国人民自强不息、团结奋进。

我们有心系国难、忧愤投江的爱国诗人屈原，有驱逐敌寇、精忠报国的抗金名将岳飞，有宁死不降、从容就义的抗元名臣文天祥，有视死如归、沉海殉国的爱国将领邓世昌，有坚贞不屈、壮烈跳崖的抗日英雄狼牙山五壮士，有舍身炸碉堡的战斗烈士董存瑞，有以身堵枪眼的特级英雄黄继光，有学成必归、报效祖国的钱学森，有捍卫海疆、壮烈牺牲的王伟，有航空报国、以身殉职的杰出工程师罗阳，有至诚报国、忘我工作的战略科学家黄大年……他们无一不

具有赤诚的爱国情怀。强烈的爱国主义精神已经融入中华儿女的血脉和基因，成为动员鼓舞人民团结奋斗的精神支柱，成为推动祖国历史前进的巨大力量。

所以，我希望大家把个人的前途命运和祖国的前途命运紧密联系在一起，甘愿为祖国奉献一切。

（二）自觉增强民族自信

中华人民共和国成立后，面对西方发达国家的封锁、孤立，我们坚定民族信心、振奋精神士气，自力更生、勤奋创造：研发制造了原子弹、氢弹、导弹、人造地球卫星，研究合成了世界上第一个人工蛋白结晶牛胰岛素、第一个人工合成的转移核糖核酸，设计建造了万吨级以上的大型远洋船、核动力潜艇、主战坦克、石英光纤、核电站，培育出了世界上第一代杂交水稻。

靠着千千万万中国人的不懈努力，我们在多个高技术领域走在了世界前列：我们研制了全世界运算速度最快的"神威·太湖之光"超级计算机，制造了世界最大单口径、最灵敏的射电望远镜——"中国天眼"，发射了世界上观测能段范围最宽，能量分辨率最优的暗物质粒子探测卫星"悟空"和世界第一颗量子科学实验卫星"墨子号"，建成了世界上总跨度最长、技术最复杂的港珠澳大桥，发展了世界上建设最快的高速铁路技术，拥有了领先世界的石墨烯技术。现在的我们是世界第二大经济体，总体科技创新水平位居世界前列。这些伟大成就充分证明：中国人必须要有中国自信。

同学们，从现在开始，加强对中国特色社会主义制度的道路自信、理论自信、制度自信、文化自信，增强对中国发展方式、发展路径、体制制度的认同感、自信感，以"自信人生二百年，会当水击三千里"的热情和气概投入到学习和生活中，不断拼搏、努力奋斗，以自信进取的姿态，奔向美好的未来。

（三）自觉树立报国之志

毛泽东主席读书时"身无半文，心忧天下"，周恩来总理在少年时树立"为中华崛起而读书"的志向，二位伟人都为祖国富强而奋斗了终身。同学们也要向毛主席、周总理学习，要时时想到国家，把自己的理想同祖国的前途联系在一起，把自己的人生同民族的命运联系在一起，以奉献国家、报效祖国为荣，要把实现中华民族伟大复兴作为自己努力奋斗的目标。

国际著名的战略科学家黄大年于 1958 年出生在中国广西，他在学生时代就立下志向："振兴中华，乃我辈之责！"1992 年，黄大年出国前往英国学习深造前，他与同学约定："等着我，我一定会把国外的先进技术带回来。"2009 年，在英国已成为国际著名地球物理学家的黄大年，知道祖国在招揽科技人才，就毅然放弃英国的高薪待遇，在最短时间内辞职、卖掉在英国的别墅、办理回国手续，到吉林大学担任全职教授。他说："作为一个中国人，国外的事业再成功，也代表不了祖国的强大。只有在祖国把同样的事做成了，才是最大的满足。"回国后，他带领研究团队攻克了一个又一个难关，取得了一系列重大科技成果，推动了我国"巡天探地潜海"事业发展，将我国深部探测能力提升到了国际一流水平。黄大年身体不好，需要常年吃速效救心丸，但他却说："我每活一天就是赚一天，哪天倒下，就地掩埋。"为了国家，他长期废寝忘食、高负荷地进行科研工作，最终积劳成疾，于 2017 年因癌症去世。习近平总书记强调："我们要以黄大年同志为榜样，学习他心有大我、至诚报国的爱国情怀，学习他教书育人、敢为人先的敬业精神，学习他淡泊名利、甘于奉献的高尚情操，把爱国之情、报国之志融入祖国改革发展的伟大事业之中、融入人民创造历史的伟大奋斗之中。"

三、心中有人民，坚持热爱人民、服务人民的赤诚情怀

党的二十大开幕式上，习近平总书记反复强调，"江山就是人民，人民就是江山"。因为人民是历史的创造者，人民是真正的英雄，我们中国人民是具有伟大团结精神的人民。

在几千年历史中，中国人民产生了老子、孔子、庄子、孟子等闻名世界的伟大思想家，创造了"四大发明"等深刻影响人类文明进程的伟大科技成果，创作了《诗经》等伟大文艺作品，建设了万里长城、大运河、故宫等气势恢宏的伟大工程。在几千年历史中，中国人民建设了壮丽秀美的祖国河山、开垦了

物产丰富的广阔粮田、治理了奔流不息的大江大河、战胜了数不清的自然灾害、建设了众多繁荣的城镇乡村、发展了门类齐全的产业，创造了多姿多彩的生活。在几千年历史中，56 个民族亲如一家，形成了同舟共济的中华民族大家庭，凝聚了勇往直前、无坚不摧的强大力量。

同学们，有这样伟大的人民、有这样伟大的民族，是我们的骄傲，更是我们青年一代学习的榜样！有人说："哪有什么岁月静好，不过是有人替你负重前行。"从大家吃的粮食、穿的衣服、住的房子，到大家出行时乘坐的汽车、高铁和飞机以及大家阅读的书本、欣赏的音乐和电影，都离不开我们广大人民的辛勤劳动。可以说，我们所拥有的一切，都凝聚着中国人的聪明才智，浸透着中国人的辛勤汗水，甚至蕴涵着中国人的牺牲精神。因此，我们更应该始终把人民放在心中最高的位置，发自肺腑地去热爱、歌颂我们伟大的人民，并且通过努力发奋的学习，掌握过硬的本领，最终成长为伟大人民中的一员，去共同创造更加美好的生活。

同学们，未来你们都将是我国各个领域的建设者和接班人。到那个时候，我们中国人民能不能有更好的教育、更稳定的工作、更满意的收入、更可靠的社会保障、更高水平的医疗卫生服务、更舒适的居住条件、更优美的环境，就取决于你们能不能发挥好作用、服务好人民。所以，大家从现在开始，就要树立为人民服务的宗旨，在学生时代努力学习、储备知识，进入社会后要在各自的工作岗位上努力、奋斗、争取，主动到人民最需要的地方去，为祖国和人民贡献自己的绵薄之力。

同学们，走过了壮阔的百年奋斗征程，我们自信豪迈地站在了中华民族伟大复兴的历史新起点上。青年兴则国家兴，青年强则国家强。我们生逢盛世，重任在肩，当以青春之我、奋斗之我，担时代之责。党的二十大为我们指明了道路，那就是，"永远跟党走，奋进新征程，建功新时代"。让我们共同努力，在青春的赛道上奋力奔跑，在崭新的征程上绽放青春，踔厉奋发、勇毅前行，努力创造更加灿烂的明天！

（2022 年秋学期首期思政大讲堂讲话稿）

参 考 文 献

[1]（荷）格特·比斯塔. 超越人本主义教育[M]. 杨超，冯娜，译. 北京：北京师范大学出版社，2020.

[2]（美）约翰·杜威. 民主主义与教育[M]. 王承绪，译. 北京：人民教育出版社，2001.

[3]（美）约翰·古德莱得. 一个称作学校的地方（修订版）[M]. 苏智欣，胡玲，陈建华，译. 上海：华东师范大学出版社，2014.

[4]（苏）B.A.苏霍姆林斯基. 给教师的建议[M]. 杜殿坤，译. 北京：教育科学出版社，1984.

[5]（英）艾尔弗雷德·诺思·怀特海. 教育的目的[M]. 张佳楠，译. 北京：教育科学出版社，2020.

[6]（英）迈克尔·扬. 把知识带回来[M]. 朱旭东，文雯，许甜，译. 北京：教育科学出版社，2019.

[7]李政涛. 重建教师的精神宇宙[M]. 上海：华东师范大学出版社，2014.

[8]钱理群. 我的教师梦[M]. 上海：华东师范大学出版社，2008.

[9]任勇. 优秀教师悄悄在做的那些事儿[M]. 上海：华东师范大学出版社，2015.

[10]陶行知. 中国教育改造[M]. 北京：人民出版社，2008.

[11]吴非. 致青年教师[M]. 北京：中国人民大学出版社，2015.

[12]吴康宁. 转向教育的背后[M]. 上海：华东师范大学出版社，2008.

[13]叶圣陶. 生活教育[M]. 北京：北京大学出版社，2007.

[14]于漪．行进在课改的路上[M]．江苏：江苏凤凰教育出版社，2022．

[15]郑也夫．吾国教育病理[M]．北京：中信出版社，2013．

[16]朱永新．新教育之梦[M]．北京：人民教育出版社，2004．